El camino de los elegidos

The
CHOSEN
Un estudio bíblico interactivo

Temporada 3

El camino de los **elegidos**

Amanda Jenkins, Dallas Jenkins y Douglas S. Huffman

DAVID C COOK
transforming lives together

EL CAMINO DE LOS ELEGIDOS
Publicado por David C Cook
4050 Lee Vance Drive
Colorado Springs, CO 80918 EE.UU.

Integrity Music Limited, una división de David C Cook
Brighton, East Sussex BN1 2RE, Inglaterra

DAVID C COOK® y las marcas relacionadas son marcas registradas de David C Cook.

ISBN 978-0-8307-8653-4

© 2023, 2024 Come and See Foundation, Inc.

El equipo: Michael Covington, Stephanie Bennett, Jack Campbell, Susan Murdock
Equipo de traducción y revisión: Carla Serratos, Tomas Chapman, Zulma Fontánez e Ismael Infante
Diseño de la portada: James Hershberger
Ilustraciones para la introducción y conclusión: Juicebox Designs

Impreso en los Estados Unidos de América
Primera Edición 2024

1 2 3 4 5 6 7 8 9 10

121923

ÍNDICE

"Entrad por la puerta estrecha;
porque ancha es la puerta,
y espacioso el camino que
lleva a la perdición, y muchos
son los que entran por
ella; porque estrecha es la
puerta, y angosto el camino
que lleva a la vida, y pocos
son los que la hallan".

Mateo 7:13-14

EL CAMINO DE LOS ELEGIDOS

Perdición.

Es una palabra fuerte, terrible y poco convencional para dar inicio a un estudio bíblico. Pero hay que aguantarla porque vivimos en un mundo de quebranto y aflicción. Cuando Mateo usó esa palabra no estaba profetizando; no estaba afirmando algo que aún quedaba por verse.

Ya lo vemos, Mateo.

La verdad es que la devastación y la ruina nos rodean todo el tiempo. Basta con tan solo ver las noticias o cualquier programa de "realidad". Sal a las calles, e inevitablemente verás rejas en las ventanas, basura en las alcantarillas, paredes con grafiti y gente que vive en la calle entre todo eso. Investiga los datos actuales en cuanto a divorcios, nacimientos a padres solteros, deserción escolar, delincuencia, enfermedades mentales o suicidio.

Todos van en aumento.

Observa honestamente tu comunidad o, si te atreves, tu propia vida —tus amigos, tu familia y a *ti mismo*— y verás que hay mil formas diferentes en que el camino ancho lleva a la perdición.

Todo comenzó en el jardín del Edén.

Génesis 2:8–3:13

"Y JEHOVÁ Dios plantó un huerto en Edén,

al oriente; y puso allí al hombre que había

formado. Y JEHOVÁ Dios hizo nacer de la

tierra todo árbol delicioso a la vista, y bueno

para comer; también

el árbol de la vida

en medio del huerto, y el árbol de la ciencia

del bien y del mal.

Y salía

de Edén un río para regar el huerto,

y de allí se repartía en cuatro brazos. [...] Tomó, pues, JEHOVÁ Dios

al hombre, y lo puso en el huerto de Edén, para que lo labrara y lo

guardase. Y mandó JEHOVÁ Dios al hombre, diciendo: De todo árbol

del huerto podrás comer; mas del árbol de la ciencia del bien y del mal

no comerás; porque el día que de él comieres, ciertamente morirás.

Y dijo JEHOVÁ Dios: No es bueno que el hombre esté solo; le haré ayuda idónea para él. JEHOVÁ Dios formó, pues, de la tierra toda bestia del campo, y toda ave de los cielos, y las trajo a Adán para que viese cómo las había de llamar; y todo lo que Adán llamó a los animales vivientes, ese es su nombre. Y puso Adán nombre a toda bestia y

y a todo ganado del campo;

mas para Adán no se halló ayuda idónea para él. Entonces JEHOVÁ Dios hizo caer sueño profundo sobre Adán, y mientras este dormía, tomó una de sus costillas, y cerró la carne en su lugar. Y de la costilla que JEHOVÁ Dios tomó del hombre, hizo una mujer, y la trajo al hombre. [...]

Pero la **Serpiente** era astuta,

más que todos los animales del campo que JEHOVÁ Dios había hecho; la cual dijo a la mujer: ¿Conque Dios os ha dicho: No comáis de todo árbol del huerto? Y la mujer respondió a la serpiente: Del fruto de los árboles del huerto podemos comer; pero del fruto del árbol que está en medio del huerto dijo Dios: No comeréis de él, ni le tocaréis, para que no muráis.

Entonces la serpiente dijo a la mujer: No moriréis;

sino que sabe Dios que el día que comáis de

él, serán abiertos vuestros ojos, y seréis como

Dios, sabiendo el bien y el mal. Y vio la mujer

que el árbol era bueno para comer, y que era

agradable a los ojos, y árbol codiciable para

alcanzar la sabiduría; y tomó de su fruto, y comió;

y dio también a su marido, el cual comió así

como ella. Entonces fueron abiertos los ojos de

ambos, y conocieron que estaban desnudos;

entonces cosieron *hojas de higuera* y se hicieron delantales.

Y oyeron la voz de JEHOVÁ Dios que

se paseaba en el huerto,

al aire del día

y el hombre y su mujer se escondieron de la

presencia de JEHOVÁ Dios entre los árboles del

huerto. Mas JEHOVÁ Dios llamó al hombre,

y le dijo: ¿Dónde estás tú? Y él respondió:

Oí tu voz en el huerto, y tuve miedo,

porque estaba desnudo; y me escondí.

Y Dios le dijo: ¿Quién te enseñó que estabas desnudo?

¿Has comido del árbol del que yo te mandé no comieses?

Y el hombre respondió: La mujer que me diste

por compañera me dio

del árbol

y yo comí. Entonces JEHOVÁ Dios dijo a la

mujer: ¿Qué es lo que has hecho? Y dijo la

mujer: La serpiente me engañó, y comí".

Desgraciadamente, Adán y Eva arruinaron la creación perfecta de Dios. A la primera bifurcación, eligieron ir por el camino ancho y así destruyeron lo que Dios había hecho, creando una brecha entre ellos y el Señor y enemistad entre ellos y el mundo.

Y nosotros somos iguales a ellos.

Somos propensos a alejarnos de Dios, pero no tenemos que hacerlo; el autosabotaje no es un final inevitable. Hay otra manera de vivir para los que le creen a Jesús cuando dice: "Yo soy el camino, y la verdad, y la vida; nadie viene al Padre, sino por mí" (Jn. 14:6).

Jesús es la puerta estrecha que conduce a la vida, pero la Biblia dice que pocos lo encuentran. ¿Cómo puede ser eso? ¿Cómo es que cada vez que nos equivocamos apartados de Él no corremos directo hacia Él para quedarnos con Él?

La respuesta es obvia. Porque Su camino es difícil.

La naturaleza misma del acto de seguirlo implica sometimiento, lo cual quizás sea una de las palabras más odiadas del siglo XXI. Someterse significa ceder nuestros deseos a otra persona. Significa hacer sacrificios personales, ejercer el autocontrol y la abnegación, ser humilde y, a menudo, arrepentirse. Significa cambiar nuestros corazones y vidas cuando sea necesario; porque someterse significa obedecer a Aquel que sabe más que nosotros, Aquel cuyos caminos son diferentes a los nuestros.

> "Porque mis pensamientos no son los de ustedes ni sus caminos son los míos», afirma el Señor. «Mis caminos y mis pensamientos son más altos que los de ustedes; ¡más altos que los cielos sobre la tierra»".
> Isaías 55:8–9 NVI

No es de extrañar que a menudo lo rechacemos para tomar nuestro propio camino, pero ya que la consecuencia del camino ancho es nuestra perdición, quizás sea hora de aceptar lo difícil que es seguirlo y enfrentarnos a la puerta estrecha.

Quizás sea hora de seguir el camino de los elegidos.

"Porque si perdonáis a
los hombres sus ofensas,
os perdonará también a
vosotros vuestro Padre
celestial; mas si no perdonáis
a los hombres sus ofensas,
tampoco vuestro Padre os
perdonará vuestras ofensas".

Mateo 6:14–15

Lección 1

PERDONA
como Jesús perdona

JUAN EL BAUTISTA: ¿Qué piensas de Él?

JOANA: No sé cómo describirlo.

JUAN EL BAUTISTA: Como haber estado agradecida por la comida sin darte cuenta de que morías de hambre.

JOANA: Algo así.

JUAN EL BAUTISTA *(sonriéndole a Andrés)*: ¿Alguna novedad?

ANDRÉS: Hay muchas.

JUAN EL BAUTISTA: Díganme lo que dijo.

JOANA: Nada que tuviera sentido. *(Juan se emociona por lo que dirá)*.

JOANA (CONT.): Todo al revés… los pobres, los afligidos, los mansos, todos exaltados.

JUAN EL BAUTISTA: Benditos.

JOANA: Sí. Y otras cosas al revés… amen a sus enemigos. ¿Quién puede AMAR a su enemigo?

JUAN EL BAUTISTA: Él puede. ¿Qué más?

JOANA: Imágenes extrañas, como… perlas para los cerdos y vigas en los ojos…

JUAN EL BAUTISTA: Sí.

ANDRÉS: Sal, asesinato, lluvia, Dios alimentando a los pájaros, casas sobre arena…

JOANA: Es casi tan extraño como tú, Juan.

JUAN EL BAUTISTA: ¡Ojalá yo fuera tan extraño! *(Juan se ríe de emoción).* ¿Cuánta gente había allí?

JOANA: Miles.

JUAN EL BAUTISTA: ¡Miles! ¡Maravilloso, maravilloso! ¿Qué más?

ANDRÉS: Juan… ¿qué podemos hacer por ti? ¿Cómo… cómo puedo ayudar?

JUAN EL BAUTISTA: ¿Ayudar? Me estás ayudando contándome esto.

ANDRÉS: Sabes lo que quiero decir.

JUAN EL BAUTISTA: Ven aquí. *(Andrés se acerca).*

JUAN EL BAUTISTA (CONT.): No tengas miedo. *(Andrés suspira. Sí tiene miedo).*

JUAN EL BAUTISTA (CONT.): Las profecías de Isaías… Él ha sido enviado a proclamar libertad a los cautivos, ¿y qué más?

ANDRÉS: Abrir las prisiones de los que están atados…

JUAN EL BAUTISTA: ¡Sí! ¡Esta prisión no es nada ahora que Él está aquí! ¿Lo crees?

ANDRÉS: Yo… lo estoy intentando.

JUAN EL BAUTISTA: Andrés… en todo lo que Él dijo a esas miles de personas, había algo solo para ti, sobre lo que te está pasando a ti. Siempre lo hay. ¿Qué fue? Algo que se te quedó grabado.

ANDRÉS *(hace una pausa, llorando)*: No seas ansioso. ¿Puedes… puedes agregar una sola hora a tu vida siendo ansioso?

JUAN EL BAUTISTA: Eso suena como Él. ¿Qué más?

ANDRÉS: Pero busca primero el reino de Dios y Su justicia.

JUAN EL BAUTISTA: Suena aún más como Él. Así que si quieres ayudarme… ¿Andrés? *(Andrés levanta la mirada).* Si quieres ayudarme… hazle caso a Él. Ve a casa y haz lo que Él dice. Eso es lo que quiero. ¿Entendiste?

Al revés

Si estás al tanto de *The Chosen*, sabrás que la temporada 2 terminó cuando Jesús comenzó a predicar Su sermón más conocido. Este memorable mensaje se llegó a conocer como el

"Sermón del Monte" (SdM). Justo ahí se retoma la temporada 3. Pero el episodio 1 no solo se enfoca en las enseñanzas de Jesús; también trata de cómo Sus seguidores entienden Sus palabras y las aplican a las complejidades de sus vidas.

Eso *siempre* es lo más difícil, ¿verdad? Las palabras de Jesús suenan maravillosas, inspiradoras y ciertas hasta que llega el momento de ponerlas en práctica. Comencemos por una de las exhortaciones más imposibles de todas: perdona a otros sus ofensas.

En realidad, seguir a Jesús supone ver y hacer cosas contrarias a nuestros instintos. En palabras de Joana, mucho de lo que Jesús dijo parece estar al revés, sin tener sentido. Cosas como que el primero será el último y el último será el primero (Mt. 19:30), que para liderar hay que servir (Mt. 23:11), que para recibir hay que dar (Lc. 6:38), que para vivir hay que morir (Mc. 8:35), y que para heredar el mundo hay que ser pobres, mansos y pacificadores, incluso al enfrentar persecución (Mt. 5:2–10).

No es un mensaje tan atractivo en nuestra época egocentrista.

Eso es, a menos que cualquier otro camino condujera a la perdición.

Tu turno

1. ¿Qué significa que "los primeros serán postreros, y los postreros, primeros" en el contexto de Mateo 19:16–30? ¿De qué manera vives este principio? ¿De qué manera no lo haces?

Para nerds bíblicos (como nosotros) que quieren saber

Si bien se conoce al SdM en todo el mundo como uno de los mensajes más importantes de todos los tiempos, hoy en día hay quienes debaten cómo se debe entender y aplicar.

¿Es solo una transcripción de un evento histórico? ¿Es un conjunto de metas idealistas (si bien poco realistas) para lograr un mundo perfecto en un futuro lejano? ¿O será algo certero y aplicable a todos en todo momento y en todo lugar?

(Spoiler: es eso último).

En el resumen de Mateo, el SdM termina con dos opciones para "cualquiera, pues, que me oye estas palabras" (Mt. 7:24, 26), lo que enfáticamente implica que el mensaje de Jesús fue universal.

Es difícil suponer que Mateo se tomó el tiempo de registrar esta repetida exhortación (así como el resto del SdM, en realidad) creyendo que solo aplicaba para los que estaban presentes aquel día.

Así, creemos que el SdM no solo es para la curiosidad histórica y la anticipación futura; el SdM en verdad buscaba hacer una diferencia en la forma en que todos los seguidores de Jesús, en todo tiempo y lugar, viven sus vidas.

Oísteis que fue dicho

"Oísteis que fue dicho a los antiguos: No matarás; y cualquiera que matare será culpable de juicio. Pero yo os digo que cualquiera que se enoje contra su hermano, será culpable de juicio; y cualquiera que diga: Necio, a su hermano, será culpable ante el concilio; y cualquiera que le diga: Fatuo, quedará expuesto al infierno de fuego. Por tanto, si traes tu ofrenda al altar, y allí te acuerdas de que tu hermano tiene algo contra ti, deja allí tu ofrenda delante del altar, y anda, reconcíliate primero con tu hermano, y entonces ven y presenta tu ofrenda".

Mateo 5:21–24

Cada vez que Jesús empezaba a hablar diciendo "oísteis que fue dicho", Sus oyentes estaban a punto de escuchar algo poderoso. Es muy fácil no asesinar, muchos leemos el sexto mandamiento y sabemos que lo cumplimos.

Pero el hecho de que no hayamos asesinado no significa que nuestros corazones estén libres de la oscuridad que nos motivaría a hacerlo. Por eso la interpretación de Jesús del sexto mandamiento hace que sea muy difícil guardarlo, porque es casi imposible pasar por la vida sin guardar ningún rencor contra alguien o sin que alguien guarde rencor contra ti.

6° Mandamiento:
No matarás.

Rencor:
un sentimiento persistente de mala voluntad o resentimiento por un insulto o lesión pasados.

Para nerds bíblicos (como nosotros) que quieren saber

La sección conocida como las "antítesis" del SdM (Mt. 5:21–48) contiene seis repeticiones del tema "Oísteis que fue dicho…, pero yo os digo…" (vv. 21–22, 27–28, 31–32, 33–34, 38–39, 43–44).

En estos pasajes, Jesús corrigió algunos malentendidos sobre el Antiguo Testamento. Ojo, no estaba corrigiendo al Antiguo Testamento; por eso dijo: "No penséis que he venido para abrogar la ley o los profetas; no he venido para abrogar, sino para cumplir" (v. 17).

Más bien Jesús estaba corrigiendo cómo la gente interpretaba la Palabra de Dios y cómo la ponían en práctica.

Tal vez por eso Jesús habló tanto del perdón. En la semana anterior a Su crucifixión, Él dijo: "Y cuando estéis orando, perdonad, si tenéis algo contra alguno, para que también vuestro Padre que está en los cielos os perdone a vosotros vuestras ofensas" (Mc. 11:25), y luego procedió a perdonar a las mismas personas que lo clavaron a la cruz. "Padre, perdónalos, porque no saben lo que hacen" (Lc. 23:34).

¿Cómo es posible hacer esto?

Bueno, por nuestras fuerzas débiles y pecaminosas, no es posible. Sin embargo, la Biblia nos dice que para tener una relación con Dios debemos tener las cuentas claras. Para recibir el perdón de Dios, debemos extender gracia radical a los demás. Para experimentar la paz de Dios, debemos confiar en que Él vengará. Y para interactuar con otros como Dios quiere, debemos depender totalmente del amor libre de pecado, firme e incondicional de Aquel a quien seguimos.

Tu turno

2. ¿Estás guardando o alguna vez has guardado algún rencor? ¿Contra quién, y por qué?

"Dios es luz, y no hay ningunas tinieblas en él. Si decimos que tenemos comunión con él, y andamos en tinieblas, mentimos, y no practicamos la verdad;[...] [Pero] si confesamos nuestros pecados, él es fiel y justo para perdonar nuestros pecados, y limpiarnos de toda maldad".
1 Juan 1:5–6, 9

"No juzguéis, y no seréis juzgados; no condenéis, y no seréis condenados; perdonad, y seréis perdonados. [...] porque con la misma medida con que medís, os volverán a medir".
Lucas 6:37–38

"Si es posible, en cuanto dependa de vosotros, estad en paz con todos los hombres. No os venguéis vosotros mismos, amados míos, sino dejad lugar a la ira de Dios; porque escrito está: Mía es la venganza, yo pagaré, dice el Señor. Así que, si tu enemigo tuviere hambre, dale de comer; si tuviere sed, dale de beber; pues haciendo esto, ascuas de fuego amontonarás sobre su cabeza".
Romanos 12:18–20

Vengar: hacer justicia al castigar las malas acciones.

3. Lee Mateo 18:21–35. Si bien no te puedes ganar el perdón de Dios portándote bien, ¿por qué el recibir el perdón de Dios depende de tu disposición para perdonar a otros?

4. Con base en la parábola de Jesús en Lucas 7:41–50, explica esta afirmación: Aquellos a quienes se les perdona mucho aman mucho. Aquellos a quienes se les perdona poco aman poco.

Oriente y occidente

"No ha hecho con nosotros conforme a nuestras iniquidades, ni nos ha pagado conforme a nuestros pecados. Porque como la altura de los cielos sobre la tierra, engrandeció su misericordia sobre los que le temen. Cuanto está lejos el oriente del occidente, hizo alejar de nosotros nuestras rebeliones. Como el padre se compadece de los hijos, se compadece JEHOVÁ de los que le temen. Porque él conoce nuestra condición; se acuerda de que somos polvo".

Salmos 103:10–14

Soberbia: creerse inherentemente merecedor de privilegios o trato especial.

Solemos ser personas soberbias; es decir, la mayoría de nosotros pensamos que merecemos más respeto y mayor consideración de lo que a veces recibimos. Al mismo tiempo, minimizamos nuestros defectos, como si fueran menos graves, menos frecuentes *y más justificables* que los defectos de los demás. Y bajo ciertas condiciones, estos pensamientos se pueden convertir en rencores que guardamos en contra de los que sentimos que nos han tratado mal.

Sin embargo, la Biblia nos dice muchas veces que Dios no trata con nosotros así. Más bien, Él ofrece perdonar nuestras ofensas y apartarnos del pecado cuanto está lejos el oriente del occidente. Se requiere una mayor comprensión 1) de nuestro pecado, 2) de lo que en realidad merecemos, y 3) de lo que en cambio Dios hizo por nosotros para ver bien la magnitud de tal gracia, misericordia y amor.

Contrario a la soberbia que sintamos, somos gente muy pecadora. Nuestros corazones son propensos a alejarse de Dios y elegir el camino ancho, a ser egocéntricos, jactanciosos y autocomplacientes, a ser lujuriosos y avaros, a ser irrespetuosos, insatisfechos y desconectados de la verdad, a enojarse, a criticar y, efectivamente, a no perdonar.

Dios ve todo esto, pero aun así nos ha buscado. "Porque él conoce nuestra condición; se acuerda de que somos polvo". A pesar de nuestro pecado y del justo juicio que merecemos, Dios retiene ese juicio de los que seguimos a Jesús porque Él lo sufrió por nosotros. Así, Dios es a la vez justo y compasivo. Él sabe que somos débiles y frágiles, que nuestra vida en la tierra es fugaz. Como polvo.

Ciertamente, a lo largo de nuestras vidas, todos experimentaremos luchas y enfermedades, desamores, dolores y, en última instancia, la muerte, todo aunado a nuestra incapacidad perpetua de NO pecar. Pero ninguna de estas calamidades son invisibles para Aquel que nos amó tanto que cargó la consecuencia del pecado sobre Sí Mismo. La Biblia dice que:

El camino de Romanos (no es un camino real, sino una serie de versículos del libro de Romanos en el Nuevo Testamento que expone el plan de Salvación de Dios):

"Por cuanto todos pecaron, y están destituidos de la gloria de Dios". Romanos 3:23

"Mas Dios muestra su amor para con nosotros, en que siendo aún pecadores, Cristo murió por nosotros". Romanos 5:8

"Porque la paga del pecado es muerte, mas la dádiva de Dios es vida eterna en Cristo Jesús Señor nuestro". Romanos 6:23

"Si confesares con tu boca que Jesús es el Señor, y creyeres en tu corazón que Dios le levantó de los muertos, serás salvo. Porque con el corazón se cree para justicia, pero con la boca se confiesa para salvación". Romanos 10:9–10

Para nerds bíblicos (como nosotros) que quieren saber

Como seguidores de Jesús, se nos ordena perdonar. "Vestíos, pues, como escogidos de Dios, santos y amados, de entrañable misericordia, de benignidad, de humildad, de mansedumbre, de paciencia; soportándoos unos a otros, y perdonándoos unos a otros si alguno tuviere queja contra otro. De la manera que Cristo os perdonó, así también hacedlo vosotros" (Col. 3:12–13).

Claro, Dios no impone Su perdón: alguien puede elegir no creer en Jesús y así no recibir el perdón de Dios en Cristo. En ese caso, Dios no guarda rencor. Más bien, Él deja que las personas continúen por el camino de la perdición. De esa forma, así como Dios (con gran pesar) deja que quienes no creen ni se arrepienten sigan su camino, a veces también tendremos que dejarlos ir.

En ese sentido, aunque se nos ordene ser como Jesús y ofrecer el perdón a los demás, eso no significa que tenemos que soportar el abuso continuo por quienes no se arrepientan.

Si te encuentras en una situación problemática o peligrosa en la que no puedes discernir cómo perdonar, no dudes en buscar la sabiduría de un pastor de confianza u otro líder cristiano.

Él te creó (Sal. 139:13).

Él conoce el número de cabellos sobre tu cabeza (Mt. 10:30).

Él sabe cuándo te sientas y te levantas, y entiende tus pensamientos (Sal. 139:2).

Él cuenta tus lágrimas y tus penas (Sal. 56:8).

Él sana a los quebrantados de corazón y venda las heridas (Sal. 147:3).

Saber todo esto debería ablandar nuestros corazones duros, egocéntricos y defensivos. Nuestro pecado ofende al Señor, pero Él perdona, sana y se acerca a los que se acercan a Él (Stgo. 4:8). Entonces ¿con qué derecho exigimos a los demás un estándar al que no estamos sujetos? Al contrario, cuando verdaderamente comprendemos la altura, anchura y longitud de la bondad de Dios hacia nosotros, no podemos evitar perdonar a los que nos han ofendido.

Bueno, en teoría.

Tu turno

5. Algunos entienden la compasión como una piedad o lástima por el sufrimiento de otros, acompañada del deseo de aliviarlo. ¿Cómo se expresa la compasión de Dios en el camino de Romanos (véase la página 25)?

6. Dios conoce tus idas y venidas, entiende íntimamente tus pesares y te perdona cada vez que se lo pidas. ¿Cómo te hace sentir esto?

7. El salmo 139 concluye diciendo: "Examíname, oh Dios, y conoce mi corazón; pruébame y conoce mis pensamientos; y ve si hay en mí camino de perversidad, y guíame en el camino eterno" (v. 23–24). Ora estas palabras, y confiesa lo que Dios te traiga a la mente.

Shalom

"Oísteis que fue dicho: Ojo por ojo, y diente por diente.
Pero yo os digo: No resistáis al que es malo; antes, a cualquiera que te
hiera en la mejilla derecha, vuélvele también la otra;
y al que quiera ponerte a pleito y quitarte la túnica, déjale
también la capa; y a cualquiera que te obligue a llevar
carga por una milla, ve con él dos. Al que te pida, dale; y
al que quiera tomar de ti prestado, no se lo rehúses".

Mateo 5:38–42

Algunas cosas son más difíciles de perdonar que otras. Obviamente. Ahora bien, nada es más difícil de perdonar que el asesinato. Y Jesús fue asesinado. Pero en vez de invocar la ira del cielo, que tenía todo el derecho y toda la capacidad de hacer (por decir poco), Jesús le pidió a Dios que perdonara a quienes se burlaron de Él, quienes lo torturaron y quienes lo mataron (Lc. 23:34).

Él volvió la mejilla. Y es a Él a quien seguimos.

Se nos pide que perdonemos, así como nuestro Señor y Salvador perdona (Col. 3:12–13), confiando en que al hacerlo Él será quien nos vengue, proteja, consuele y sane. Esto hace que el perdonar a otros se vuelva un acto de tener fe en que Dios nos ve y nos cuida, y que Él usa todas las cosas para nuestro bien y para Su gloria (Ro. 8:28).

Claro, con nuestras míseras y pecaminosas fuerzas, es una exhortación imposible. ¡Mas Jesús dijo: "Lo que es imposible para los hombres, es posible para Dios" (Lc. 18:27)!

Shalom:
un saludo hebreo usado por los judíos al reunirse o despedirse, el cual significa paz, integridad, plenitud, validez, salud, seguridad y prosperidad, y conlleva una connotación de permanencia.

A través de la puerta estrecha, Él nos ha ofrecido Su *shalom*: paz con Él y paz con otros. Ah, ojalá confiáramos en Él lo suficiente como para pasar por la puerta, para dejar que Él nos cuide por completo y para darle el acceso a nuestros corazones para que complete la obra del perdón en nosotros.

Tu turno

8. Nadie es un seguidor maduro de Jesús cuando llega a la fe por primera vez. Lee Filipenses 1:6. Con el tiempo, a medida que seguimos a Jesús, ¿qué nos promete la Biblia que Dios hará?

Enfoque de la oración

Alaba a Dios por amarte como creación Suya a pesar de tu pecado, por enviar a Jesús como el sacrificio por ese pecado y por extenderte gracia y perdón radicales. Pídele que te ayude a hacer el arduo trabajo de perdonar a otros. Recuerda, el perdón a veces es un proceso; no siempre lo logramos a la primera, y por ello tenemos que seguir llevando nuestras luchas y dolores al Señor día con día. Agradécele por Su promesa de cambiar tu corazón cuando lo haces, y por Su fidelidad para hacerte más y más como Jesús.

Propuesta de oración

Amado Señor:

Gracias por amarme a pesar de haberme rebelado contra Ti, a veces en el corazón y a veces en mis acciones. Gracias por enviar a Jesús para proveer el camino a la salvación, y por restaurarme a una relación correcta contigo. Reconozco que no puedo ganarme Tu perdón y que necesito recibirlo como un regalo que Jesús pagó. Gracias porque Tu perdón puede cambiar mi vida, incluyendo mi forma de responder ante otros. Dame la capacidad de perdonar y la valentía para pedir el perdón cuando necesite hacerlo. "Vuélveme el gozo de tu salvación, y espíritu noble me sustente" para que pueda invitar a otros a hacer lo mismo (Sal. 51:12). Amén.

EXT. VIVIENDA DE MARÍA MAGDALENA - DÍA

(Andrés se acerca a la puerta principal y toca. Un momento después, María le abre).

MARÍA MAGDALENA *(confundida)*: Shalom.

ANDRÉS: Shalom. No tardaré mucho.

MARÍA MAGDALENA: Está bien. ¿Necesitas algo?

ANDRÉS: Yo solo… tengo que… Yo quiero decir algo. En el sermón del Rabino, Él dijo que hay que reconciliarse con alguien primero antes de adorar, y yo… tengo que ofrecerte disculpas.

MARÍA MAGDALENA: No me debes ninguna…

ANDRÉS: Sí, sí, así es. Te dije cosas horrendas porque estaba asustado, y el Rabino habló sobre eso. Nos dijo muchas cosas en las que tengo que trabajar, de hecho.

MARÍA MAGDALENA: Yo también.

ANDRÉS: Pero… te dije cosas horribles porque estaba asustado, y no te lo merecías. Y yo… lo siento mucho. *(María sonríe).*

ANDRÉS (CONT.): Así que… eso es todo.

MARÍA MAGDALENA: Lo siento, en verdad no sé qué debería decir. Creo que es la primera vez que alguien se disculpa conmigo.

ANDRÉS: María, tampoco te mereces eso. Las cosas están mejor ahora, ¿eh?

MARÍA MAGDALENA: Sí. Mucho mejor. Gracias por esto.

ANDRÉS: Shalom.

MARÍA MAGDALENA: Shalom.

"Y Jesús se acercó y les habló diciendo: Toda potestad me es dada en el cielo y en la tierra. Por tanto, id, y haced discípulos a todas las naciones, bautizándolos en el nombre del Padre, y del Hijo, y del Espíritu Santo; enseñándoles que guarden todas las cosas que os he mandado; y he aquí yo estoy con vosotros todos los días, hasta el fin del mundo".

Mateo 28:18-20

Lección 2

VE
a donde Jesús te envía

INT. CASA DE SIMÓN - NOCHE

(Simón y Edén se abrazan observando un fuego. Están solos, sin hablar, hasta que…).

EDÉN: No puedo creer que hayas vuelto.

SIMÓN: Aquí estoy… y siempre lo estaré.

EDÉN: Cuando te fuiste esta vez tuve en momentos una sensación…

SIMÓN: ¿Qué sensación?

EDÉN: Vacío… No sé cómo llamarlo.

SIMÓN: ¿Cómo te sentías?

EDÉN: Estaba enfadada… triste…

SIMÓN: Oh, amor. Sabes que estaba con Jesús. También tú lo estás. ¿Recuerdas lo que Él te dijo?

EDÉN: Siempre lo recuerdo. Es lo que me ayuda a soportar los días.

SIMÓN: Él te ve.

EDÉN: Lo sé. Pienso en ese momento tan a menudo. Pero a veces, en la memoria, olvido cómo se ve Su rostro.

SIMÓN: ¿Qué quieres decir?

EDÉN: ¿Nunca te has separado tanto de alguien que ya no lorgras recordar su rostro después de un tiempo?

SIMÓN: ¿Se te olvidó mi rostro? *(Edén se ríe de su genio infantil).*

EDÉN: No, no he olvidado tu rostro. *(Se le acerca más)*. Ahora todo es grandioso.

SIMÓN: Sí. Solo tenemos que pasar más tiempo juntos. ¿Sabes qué creo? Jesús tiene trabajo que hacer aquí. *(Pasa un momento)*. Y he estado pensando en nuestra familia.

EDÉN *(encogiéndose de hombros)*: Bueno, Ima está sana y mis hermanos han estado pescando…

SIMÓN: No, nuestra familia. *(Edén se gira para verlo, se le abren los ojos)*.

SIMÓN (CONT.): Es hora. *(Ella abraza fuerte a Simón, conmovida)*.

"Josué peleó batalla en Jericó,
y los muros cayeron, sí".

"Zaqueo era un chaparrito
así que vivía en Jericó".

"Dios dijo a Noé: 'construye una
barca hecha toda de madera,
como niños del Señor'".

"Niños, vayan a donde los envío.
¿Cómo los enviaré?
Los enviaré de ocho en ocho,
Ocho por los ocho que
estaban a la puerta,
Siete por los siete que
bajaron del cielo,
Seis por los seis que no
se pudieron arreglar,
Cinco por el predicador,
Cuatro por los pobres a la puerta,
Tres por los niños hebreos,
Dos por Pablo y Silas,
Uno por el bebecito.
Él nació, nació, nació en Belén".

Planes

A veces olvidamos que los discípulos eran personas reales. Leemos las Escrituras de una manera que borra de la página toda su humanidad. Decimos de memoria versículos bíblicos y cantamos canciones de la escuela dominical que no capturan la realidad de las historias. Incluso nuestras pinturas y vidrieras pueden hacer que Jesús y Sus discípulos se vean planos, distantes y desconectados de nuestra realidad en el Siglo XXI.

Como si "así era entonces, pero ahora es diferente".

Y así, a veces pensamos que tenían menos que perder. Literalmente. Después de todo, los hombres y mujeres que lo dejaron todo para seguir a Jesús tenían menos cosas que la mayoría de nosotros ahora. No tenían autos, hipotecas o préstamos que pagar. Ciertamente no tenían tantas opciones de dónde vivir, trabajar o vacacionar. Por cierto, tampoco tenían teléfonos inteligentes, redes sociales ni noticieros de 24 horas que les brindaran información actualizada al minuto sobre absolutamente todo y todos. Sus vidas eran más sencillas. O eso es lo que pensamos. Pero no por ello era más fácil dejar atrás sus planes.

Justo lo contrario, porque resulta que no hay nada nuevo bajo el sol en cuanto a la experiencia humana. Si bien el contexto de los discípulos era diferente al nuestro, las personas aún son personas sin importar cuándo nazcan.

> "Lo que ya ha acontecido volverá a acontecer; lo que ya se ha hecho se volverá a hacer. ¡No hay nada nuevo bajo el sol!".
> Eclesiastés 1:9 (NVI)

Esto quiere decir que los seguidores de Jesús tenían familias y comunidades enteras que amaban. Tenían ambiciones, esperanzas y planes para el futuro. Experimentaron felicidad y estrés, amor y desamor, emoción y confusión, valentía y miedo. En todos esos aspectos eran iguales a nosotros. Así que cuando Jesús les dijo "vayan", lo tuvieron que procesar.

Tu turno

1. ¿Qué planes para tu vida valoras más?

De dos en dos

> "Después llamó a los doce, y comenzó a enviarlos de dos en dos; y les dio autoridad sobre los espíritus inmundos. Y les mandó que no llevasen nada para el camino, sino solamente bordón; ni alforja, ni pan, ni dinero en el cinto, sino que calzasen sandalias, y no vistiesen dos túnicas".
> Marcos 6:7–9

Para nerds bíblicos (como nosotros) que quieren saber

No todos los discípulos fueron apóstoles. Los discípulos de Jesús son personas que se dedican a seguirlo, por lo que Jesús tuvo una multitud de discípulos durante Su ministerio terrenal, ¡y millones más desde entonces! Los apóstoles fueron doce discípulos que Jesús seleccionó para ser líderes entre los demás.

Para este viaje misionero en particular, muchos discípulos ya habían estado con Jesús durante algún tiempo, y en el Sermón del Monte les dio el rol y título de apóstol a doce de ellos. Esta etiqueta proviene de la palabra griega que significa "uno que es enviado".

¡Qué genial!

El Evangelio de Lucas registra que Jesús envió a Sus seguidores de dos en dos a un segundo viaje misionero, solo que esta vez fue un grupo más grande, de setenta y dos discípulos (Lc. 10:1–12 NVI). La diferencia entre el primer y segundo viaje misionero era enorme.

Estas instrucciones de viaje fueron bastante específicas y aterradoras. Los apóstoles fueron enviados al campo para hacer lo que, hasta ese momento, solo habían visto hacer a Jesús, pero ahora debían hacerlo ellos mismos sin comida, refugio ni poder innato. Jesús les pidió que confiaran en Su palabra de que todas las provisiones se manifestarían según sus necesidades.

Claro, a diferencia de los viajes modernos, no podían descansar en el camino. No había zonas de descanso cada ciertos kilómetros donde comprar bocadillos, ir al baño o dormir en un hotel. Vaya, incluso con la capacidad actual de pararnos por gasolina a voluntad, *todavía* empacamos bocadillos para el viaje. Pero a éstos se les dijo que salieran sin nada más que la camisa sobre sus espaldas y las sandalias en los pies. No podían llevar ni un bastón adicional, el cual habrían usado para atravesar terrenos difíciles y como arma de defensa personal contra animales salvajes y gente mala (Mt. 10:9–10).

En esencia, el plan consistía en "no llevar nada porque se les proveerá en su hora de necesidad". Pero, a pesar de las situaciones desconocidas y escalofriantes que podrían afrontar, se fueron así como se les dijo. Imagínate el primer día de ese viaje; cuánta fe debieron haber tenido en Jesús para tomar los primeros pasos sin provisiones y sin mayor plan que caminar, predicar y sanar, cosas que nunca habían hecho antes.

Es increíble que no hayan desertado en ese momento.

Tu turno

2. Cuando se trata de tus planes, ¿esperas que Dios bendiga lo que tú quieres hacer? ¿O Dios ha sido el autor de lo que quieres hacer? Por cierto, ¿cómo puedes saber la diferencia?

3. Lee Jeremías 29:11; Salmos 32:8, y Romanos 8:28. ¿Qué indican estos versículos sobre los planes de Dios para ti?

4. Cuando se envió a los apóstoles de dos en dos, el plan era que confiaran en la provisión de Dios. ¿Qué te imaginas que estos hombres sintieron? A pesar de esto, ¿por qué crees que aceptaron ir?

El reino se ha acercado

"[…] Jesús vino a Galilea predicando el evangelio del reino de Dios, diciendo: El tiempo se ha cumplido, y el reino de Dios se ha acercado; arrepentíos, y creed en el evangelio".

Marcos 1:14–15

Si bien lanzarse a lo desconocido fue algo aterrador para los apóstoles, también podemos entender que dieran ese paso de fe, ¡porque estaban experimentando el reino de Dios! Después de todo, ya habían visto a Jesús sanar a los enfermos, los cojos y los poseídos. Lo vieron calmar tormentas y resucitar a los muertos. Sintieron cómo Sus palabras infundían vida y luz en sus almas, y cómo nunca serían los mismos de antes.

Cuando Jesús dijo "el tiempo se ha cumplido", estaba hablando de Sí Mismo: del Mesías prometido que el pueblo de Dios esperaba, del cumplimiento de las profecías del Antiguo Testamento, de Aquel que restauraría las ruinas y reverdecería lo desolado, del Salvador que tomaría sobre Sí todo lo que se había perdido en el Edén.

El cielo había venido a la tierra, y los seguidores de Jesús lo sabían. ¿Cómo podrían negarse a ir cuando, a donde *y como* Él los enviaba?

¿Cómo podríamos negarnos?

Resulta que la combinación de llevar nada / recibir todo es ganadora: los discípulos vieron la sanidad del cuerpo y del alma de la gente. Y así como ellos, cuando nos entregamos a Jesús, Él es fiel para obrar en y a través de nosotros para lograr cosas que nunca lograríamos por nuestras fuerzas ni en nuestros mayores sueños.

Pero el primer paso es ser enviados.

Tu turno

5. Cuando se trata de nuestros planes, a menudo nos preguntamos de qué nos perderemos si seguimos el camino de Dios en vez del nuestro. Ahora dale la vuelta a esta idea, y haz una lista de lo que los discípulos se habrían perdido si no hubieran ido cuando y como Jesús los envió.

6. Romanos 12:1–2 nos dice que hay que presentarnos como sacrificios vivos para ser transformados por Jesús y así ser más capaces de discernir la voluntad de Dios. ¿De qué te podrías perder si lo rechazas?

7. Lee Marcos 1:14–15 y Mateo 10:5–7. ¿A qué se refiere "el reino de Dios" (o "el reino de los cielos")? ¿Cuál es la relación entre que Dios sea rey y que Su pueblo se arrepienta?

Advertencia del reino

"Y les dijo: Dondequiera que entréis en una casa, posad en ella hasta que salgáis de aquel lugar. Y si en algún lugar no os recibieren ni os oyeren, salid de allí, y sacudid el polvo que está debajo de vuestros pies, para testimonio a ellos. [...]".

Marcos 6:10–11

Jesús prometió provisiones para el viaje y poder para la obra que les encomendaba a Sus apóstoles, pero eso no quiso decir que sería un viaje fácil. Al contrario, Él advirtió a Sus seguidores que algunas personas los recibirían y otras los rechazarían.

Para nerds bíblicos (como nosotros) que quieren saber

La idea de que Dios es rey sobre toda la creación y en especial sobre Su pueblo proviene del Antiguo Testamento (Dt. 33:5; Sal. 99:1–5; Is. 6:1–5).

Pero, además de las afirmaciones sobre el reinado actual de Dios, hay referencias a un futuro reino de Dios más robusto (Is. 24:21–23; 33:17–22; Zac. 14:1–9). Jesús anunciaba que este reino futuro se hacía realidad ("el reino de Dios se ha acercado") mediante Su vida y obra.

Claro, el reino de Dios ya había comenzado en los corazones y vidas de los que ponían su fe en Jesús (Lc. 11:20; 17:20–21; 18:16–17), si bien aún no se ha consumado por completo; eso pasará cuando Jesús regrese (Lc. 13:28–30; 19:11; 21:31; 22:16–18).

Así, en la actualidad los estudiosos hacen referencia a la noción del reino de Dios como "ya, pero todavía no".

Así como sucedió con Él.

Así como aún sucede con Él.

De hecho, parte de Su provisión involucra medir nuestras expectativas, porque cuando representamos a Jesús y Su reino increíble, transformador y renovador hemos de anticipar que experimentaremos la misma clase de cosas que Él y Sus primeros discípulos experimentaron. Cuando se recibe el reino de los cielos, debemos gozarnos y alabar a Dios. Pero cuando se rechaza no nos deberíamos sorprender o aturdir, porque de todos modos aún pertenecemos al reino.

Ciertamente el Rey nos ha enviado. Al final de Su tiempo sobre la tierra, Jesús encomendó a Sus seguidores (¡incluyéndonos!) a salir al mundo con el mensaje verdadero de la salvación. De hecho, Mateo termina su relato del evangelio con lo que se conoce como la Gran Comisión: "Toda potestad me es dada en el cielo y en la tierra. Por tanto, id, y haced discípulos a todas las naciones, bautizándolos en el nombre del Padre, y del Hijo, y del Espíritu Santo; enseñándoles que guarden todas las cosas que os he mandado; y he aquí yo estoy con vosotros todos los días, hasta el fin del mundo" (Mt. 28:18–20).

La Gran Comisión: la encomienda del Jesús resucitado a Sus discípulos de llevar el evangelio a todas las naciones del mundo.

Sí, es bastante grande.

Tu turno

8. ¿Qué cosa nueva sientes que Dios quiere hacer hoy en y a través de ti? ¿Hay alguna persona o lugar a donde crees que Dios tal vez te esté enviando para llevar el mensaje del evangelio? ¿Qué te preocupa en cuanto a cómo se lograrán los detalles de esa tarea?

Enfoque de la oración

Alaba a Dios por incluirte en Sus planes para el reino. Dale las gracias por prometer que proveerá la comida, el dinero, el poder y las palabras que necesitarás para la obra. Pídele que aumente tu fe para que cuando, a donde y como sea que te envíe estés dispuesto a ir.

Propuesta de oración

Amado Señor:

Gracias por enviar a Jesús para anunciar Tu reino, el cual ha llegado a la tierra mediante Su vida y Su obra. Gracias por dejarme entrar a Tu reino mediante el arrepentimiento y la fe en Jesús. Has decidido continuar la obra de Tu reino a través de seguidores de Jesús como yo, pero no siempre estoy seguro de cuándo, dónde ni cómo llevar a cabo Tu obra. Por favor, guíame y ayúdame a responder bien a Tu instrucción (Sal. 32:8–11). Has prometido proveer para mí, así que ayúdame a priorizar Tu reino (Mt. 6:25–34). Por favor, dame compasión para con los que me escucharán, valentía para anunciar con audacia el mensaje del evangelio, y palabras sabias. Amén.

INT. CASA DE SIMÓN - DÍA

(Los discípulos y Jesús están en la pequeña sala del hogar de Simón y Edén. Edén entra y sale con comida).

JESÚS: Bueno, estoy seguro de que la mayoría de ustedes ya conocen la aldea de tiendas que está creciendo rápidamente al este de Capernaúm. Son personas que nos siguieron desde el monte, y que ahora esperan oír más. Su número crece día a día, al igual que las sospechas de Roma. De hecho, Zé me informó esta misma mañana que algunos miembros de su antigua Orden incluso han viajado hasta aquí.

ANDRÉS: Parece como si estuviéramos armando un ejército, Maestro.

JESÚS: Bueno, es una forma de verlo. *(Todos miran a su alrededor, intrigados, preocupados y confundidos).*

JESÚS (CONT.): La otra forma de verlo es a Mi manera.

SIMÓN: La forma correcta, querrás decir.

JESÚS *(riéndose)*: Sí Simón. Esas personas son como las de cualquier región. No son un ejército… aún no. Necesitan ser rescatadas. Y ustedes me van a ayudar a rescatarlas.

(Simón Z golpea la mesa emocionado y se acerca más. Simón le asiente con la cabeza).

JESÚS (CONT.): Será un rescate diferente, Zé. No me resulta posible realizar Yo todas las predicaciones, todas las sanidades y llevar adelante el ministerio. Hoy los he llamado a la casa de Simón —y gracias, Edén, por ser la anfitriona— porque nuestro ministerio no hará más que crecer, y queremos que crezca hasta el fin de los tiempos. Habrá muchos más seguidores y, como los que no están aquí, tendrán funciones y responsabilidades. La mayoría serán discípulos, estudiantes. Pero yo los he elegido a ustedes doce como mis apóstoles. *(Los discípulos callan. No es poca cosa. Un momento después…).*

SANTIAGO EL MAYOR: ¿Nos estás enviando?

MATEO: Un apóstol es lo mismo que un mensajero, alguien que…

SANTIAGO EL MAYOR: Sé lo que significa, Mateo, por eso pregunto.

JESÚS: Ustedes son Mis líderes. Y por la misión que tengo para ustedes es mejor que se dispersen y no se concentren en un solo lugar.

ANDRÉS: No lo entiendo.

JESÚS: Voy a volver a casa, a Nazaret, durante un tiempo, y mientras esté allí los enviaré fuera, en todas las direcciones, de dos en dos, específicamente a hablar solo con nuestra gente. *(Silencio. Todos piensan que escucharon mal).*

TOMÁS *(temeroso; tenía planes)*: ¿En todas direcciones, Rabino?

JESÚS: Sí, pero no a los gentiles, todavía no. Eso llegará con el tiempo. Sino a las ovejas perdidas de la casa de Israel, así como Josué guió a las doce tribus hacia la tierra prometida. Proclamarán a medida que avancen: "El reino de los cielos está cerca". Y mientras estén en esta misión, sanarán a los enfermos y a los cojos ungiéndolos con aceite. Expulsarán demonios. San… ¿Qué? ¿Por qué Me miran todos así?

MATEO: Eh… ¿Podrías repetirlo una vez más?

JESÚS: Los estoy enviando, de dos en dos, a proclamar a medida que avanzan: "El reino de los cielos está cerca", a sanar a los enfermos, a expulsar a los demonios.

SIMÓN *(mirando a Edén)*: ¿De qué tan pronto estamos hablando?

JESÚS: Ah... Ahí está esa palabra otra vez. Ya llegaré a eso, Simón.

FELIPE: Espera... ¿Sanar a los enfermos?

TADEO: ¿Expulsar demonios?

JESÚS: Mientras estén en esta misión, les concedo esta autoridad. Algún día la tendrán todo el tiempo.

NATANAEL: ¿Me he perdido alguna ceremonia?

JESÚS: Esta es.

NATANAEL: No me siento diferente.

JESÚS: No necesito que sientas nada para hacer grandes cosas.

JUAN: Con el debido respeto, Rabino, acabamos de empezar como estudiantes, no estamos lo suficientemente calificados. ¿Por qué nos necesitas para este trabajo?

SIMÓN Z: No nos necesita, nos quiere.

JESÚS: Gracias, Zé. Muy bien. Juan, si necesitara líderes religiosos o estudiantes calificados para mi ministerio, no habría elegido a... Bueno, ya me entienden.

"El Espíritu del Señor está sobre mí, por cuanto me ha ungido para dar buenas nuevas a los pobres; me ha enviado a sanar a los quebrantados de corazón; a pregonar libertad a los cautivos, y vista a los ciegos; a poner en libertad a los oprimidos; a predicar el año agradable del Señor".

Lucas 4:18–19

Lección 3

LLORA
como Jesús llora

EXT. CALLE DE NAZARET, 27 D. C. - ATARDECER

(Jesús entra en una calle de Nazaret, camina un poco y se para frente a una casa pequeña. Después de un momento sonríe, se acerca a la puerta y toca. Inmediatamente…).

MARÍA MADRE: ¡Ya voy! Si eres Tú, entra, ¡pero ya voy! *(Jesús se ríe, pero espera. Un momento después, se abre la puerta).*

MARÍA MADRE (CONT.): ¡Oh, eres tú! *¡L'shana tovah!*

JESÚS: *L'shana tovah*, Ima.

L'shana tovah: frase hebrea que significa "buen año".

MARÍA MADRE *(abrazándolo)*: ¿Por qué no solo entraste? ¿Sabes que puedes entrar sin más? ¿Cómo fue tu viaje? Te ves cansado. ¿Tienes hambre? ¿Sí? Sentémonos a comer. Puedes dejar tu bolsa ahí. Comeremos primero, y luego puedes irte a la cama; estoy segura de que estás agotado. El challah está caliente y listo; llegaste en el momento justo. ¿Tuviste un buen viaje?

JESÚS: Sí, estuvo bien. Vi que el perro marrón no estaba en la entrada de la ciudad cuando llegué; ¿le pasó algo?

MARÍA MADRE: Murió hace varios meses.

JESÚS: Eso lo explica. Sabes, no puedo recordar una vez que entrara por esa puerta en los últimos diez años y que él no estuviera allí simplemente siendo ignorado por todos los que pasaban.

(María saca un challah redondo del horno y lo lleva a la mesa; luego se sientan para orar).

MARÍA MADRE: Siéntate, siéntate. No es perfectamente redondo, nunca he sido capaz de hacerlo perfecto, pero las pasas se cocinaron muy bien.

JESÚS: Ah, pasas, Ima.

MARÍA MADRE: Lo sé, lo sé. Pero son para que tengamos un año nuevo dulce, así que no te quejes. *(Oran juntos)*.

JESÚS: ¿Entonces, no están Santiago y Judas?

MARÍA MADRE *(apretando los labios; es un tema visiblemente delicado)*: Bueno… creyeron que era mejor celebrar en Séforis mientras Tú estuvieras aquí. Solo para evitar conflictos.

JESÚS: Entiendo.

MARÍA MADRE: Solo creo que es difícil para ellos, especialmente con tanta gente aquí emocionada de verte. Todos han oído lo que has estado haciendo, las señales y las maravillas, y… ya sabes cómo se sienten ellos al respecto.

JESÚS: Lo comprendo.

MARÍA MADRE *(intentando sonreír)*: Pero lo pasaremos muy bien. ¿Cómo está el pan?

JESÚS: Está delicioso, incluso con las pasas.

MARÍA MADRE: Entonces… ¿Estás listo para mañana? Hay muchas personas que están muy ansiosas por verte. Oh, ¿quién crees que está en la ciudad?

JESÚS: No tengo ni idea.

MARÍA MADRE: Lázaro y sus hermanas. Llegaron hoy, pensaron que era una buena oportunidad para verte.

JESÚS: ¿Qué? ¡No! ¡Ah, qué maravilla! Oh, Lázaro. Hace tiempo que no lo veo. Será divertido. Bien… creo que es hora de ir a dormir, Ima. Ima…

MARÍA MADRE: ¿Sí?

JESÚS: Voy a necesitar la caja mientras estoy aquí. ¿Sabes dónde está?

MARÍA MADRE *(su semblante cambia)*: ¿Ahora?

JESÚS: Mm-hmm.

MARÍA MADRE: ¿Estás seguro de que esta es Tu última vez aquí antes de…

JESÚS: Siento que mi hora se aproxima.

MARÍA MADRE *(con profunda tristeza)*: No sé si estoy preparada.

JESÚS: Sé cómo te sientes, pero también sabes que yo debo hacer…

MARÍA MADRE: la voluntad de Aquel que nos envía.

JESÚS: la voluntad de Aquel que Me envía.

MARÍA MADRE: ¿Tiene que ser tan pronto? ¿Estás seguro?

JESÚS: Si no es ahora…

MARÍA MADRE *(en voz baja)*: Extraño más a tu padre durante las celebraciones. Se divertía mucho. Mañana será un día divertido. La caja está cerca de tu cama; la verás.

JESÚS: Gracias.

MARÍA MADRE: Yo limpiaré. Tú vete a la cama.

JESÚS: Puedo ayudarte.

MARÍA MADRE *(tratando de evadir sus emociones)*: No, yo… yo me encargo. Vete a la cama. Estaré bien.

(Mientras se vuelve a la cocina, Jesús la rodea con su brazo y la besa en la frente).

JESÚS: *Laila tov*, Ima.

> Laila tov:
> frase hebrea que significa
> "buenas noches".

La razón por la que vino

En una tranquila sinagoga, en Su pequeña ciudad natal de Nazaret, Jesús dio un anuncio tan enorme e impactante que los oyentes (es decir, Sus amigos y vecinos de toda la vida) intentaron arrojarlo por un precipicio. Al parecer, en el Israel del primer siglo eso se le hacía a quienes afirmaban ser el Mesías tan esperado, el

> Mesías:
> el libertador prometido de la
> nación judía, profetizado en
> el Antiguo Testamento.

Salvador de los judíos y Aquel a través del cual se derramaría el favor de Dios sobre todo el mundo:

> Y [Jesús] enrollando el libro, lo dio al ministro, y se sentó; y los ojos de todos en la sinagoga estaban fijos en él. Y comenzó a decirles: Hoy se ha cumplido esta Escritura delante de vosotros (Lc. 4:20–21).

Antes de reparar en los detalles veamos el panorama mayor. Cuando Jesús leyó el rollo de Isaías del Antiguo Testamento estaba revelando el corazón de Dios para las personas que Él creó. Estaba expresando Su profundo amor y compasión para con un mundo dolido. Estaba develando el plan de Dios para restaurar lo que se había perdido, encadenado, roto y enterrado debido al pecado.

Ciertamente Jesús vino a llevar las buenas noticias a los pobres, liberar a los cautivos y oprimidos, y dar vista a los ciegos. Vino para convertir el duelo en felicidad y la desesperación en esperanza eterna. Vino para vendar las heridas terrenales y sanar los corazones rotos. Vino para rescatar y restaurar un mundo afligido, cargado y cansado.

Gentil: una persona no judía.

Incluyendo a los gentiles.

Incluyéndote a ti.

Tu turno

1. Lee Mateo 9:35–36; Marcos 3:1–5, y Juan 11:17, 34–36. ¿Cuáles son algunas de las cosas que entristecen el corazón de Jesús?

Todas las cosas

"Al oír estas cosas, todos en la sinagoga se llenaron de ira; y levantándose, le echaron fuera de la ciudad, y le llevaron hasta la cumbre del monte sobre el cual estaba edificada la ciudad de ellos, para despeñarle. Mas él pasó por en medio de ellos, y se fue".

Lucas 4:28–30

En el episodio 3 de la tercera temporada de *The Chosen*, Jesús va de visita a Su casa. Su madre, María, se emociona, pero su gozo pronto se vuelve tristeza cuando Jesús pregunta sobre Sus hermanos, y ella le explica que no vendrán porque no lo aprueban a Él. Claro, esos detalles tan específicos son licencia creativa del programa, pero sí sabemos por las Escrituras que José y María tuvieron otros hijos (Mt. 13:55–56; Mc. 6:3) y que "ni aun sus hermanos creían en él" (Jn. 7:5), al menos no durante Su ministerio terrenal. Además, parece que José ya había muerto, pues nunca se le menciona durante el ministerio terrenal de Jesús. De hecho, mientras estaba en la cruz, Jesús le encargó a Juan cuidar a María (Jn. 19:26–27).

En este sentido, cosas como la muerte, la separación y el rechazo, incluso por parte de familiares, son tristezas que Jesús comprende íntimamente.

Más adelante en el episodio se relata el sermón real que Jesús predica en Su ciudad natal, Nazaret, donde los problemas se expanden más allá de Su familia (Lc. 4:16–30). Para horror de los presentes, Jesús recalca el amor de Dios para todos y Su plan de incluir y redimir a los gentiles. Lamentablemente, el prejuicio cultural está tan fuertemente arraigado en su modo de vida que ellos enfurecen y acusan a Jesús de ser un falso profeta y de blasfemar.

Falso profeta: alguien que difunde falsas enseñanzas mientras afirma hablar las Palabras de Dios.

Blasfemia: acto u ofensa de hablar sacrílegamente sobre Dios o de algo sagrado; charla profana.

Sacrilegio: violación o uso indebido de algo considerado sagrado.

Para nerds bíblicos (como nosotros) que quieren saber

La gente de Nazaret se molestó cuando Jesús afirmó ser el Mesías, pero enfureció aún más cuando insinuó que el plan de salvación de Dios incluía a los gentiles (Lc. 4:24–27).

En la ley israelita del AT, tal lenguaje se consideraba profecía falsa y blasfema, y la pena por blasfemar era la muerte (Lv. 24:10–16; compáralo con Dt. 13:6–11). De hecho, el documento rabínico judío llamado la Mishná describe el procedimiento adecuado de lapidación, el cual incluía echar a la persona por un acantilado y dejar caer piedras sobre ella.

Dicho esto, tal castigo solo se debía llevar a cabo después de un juicio formal (Dt. 17:2–7), no por medio de una turba violenta como la que relata Lucas 4:28–29 (o como aparece en Jn. 8:59 y 10:31–33). Así mismo, bajo el dominio romano, la pena de muerte solo se debía llevar a cabo con el permiso del gobierno (Jn. 18:31), aunque hubo momentos en que los judíos rompieron esta regla (por ejemplo, con Esteban en Hch. 7:54–58 y el atentado contra Pablo en Hch. 21:31–32).

Además de saltarse un juicio formal judío y seguir adelante sin el permiso romano, era extraño que los judíos nazarenos se apresuraran a hacer el "trabajo" de apedrear a Jesús en el Shabat, ya que, irónicamente, romper el Shabat también se castigaba con la muerte (Nm. 15:32–36).

Pasemos al precipicio. Imagínate esta escena desde la perspectiva de Dios: ver las Escrituras malinterpretadas y mal utilizadas a tal escala, ver tal rebelión y desobediencia contra Su voluntad y Su camino, ver un desprecio tan cruel por Su amor, paciencia y misericordia infalibles, ver una turba airada llevar a Su Hijo amado hasta una colina.

Ni sería la última vez que le sucedería.

Oh, ¡cómo le habrá dolido ese día el corazón a Aquel que estaba mirando, Aquel que siempre lo ve todo! Porque resulta que nada pasa desapercibido por Dios; ninguna cosa mala permanece en secreto. Al contrario, cada cosa retorcida y terrible que hacemos los humanos a nosotros mismos y a los demás siempre está ante Él.

Y Él se entristece por ello.

Tu turno

2. Aquí va la respuesta a la pregunta 1: Jesús se entristece cuando la gente se pierde, cuando la gente se lastima entre sí, cuando la gente se entristece. En otras palabras, ¿cuál es la fuente de Su tristeza?

3. Lee Juan 3:16–17. ¿Qué lo llevaron a hacer el amor y la tristeza de Dios?

4. Considera el mundo y su condición actual desde la perspectiva de Dios.

Solo eso.

Tómate un momento para reparar en ello.

Varón de dolores

"Subirá cual renuevo delante de él, y como raíz de tierra seca; no
hay parecer en él, ni hermosura; le veremos, mas sin atractivo para
que le deseemos. Despreciado y desechado entre los hombres, varón
de dolores, experimentado en quebranto; y como que escondimos
de él el rostro, fue menospreciado, y no lo estimamos. Ciertamente
llevó él nuestras enfermedades, y sufrió nuestros dolores; y
nosotros le tuvimos por azotado, por herido de Dios y abatido".

Isaías 53:2–4

Jesús entró en Su creación y se sometió a todo el
quebrantamiento y el dolor que había en ella para
salvarnos de ello. Fue sencillo y pobre, ignorado y
subestimado. Fue despreciado. Rechazado. Él, en efecto,
se convirtió en nuestro dolor, y tomó sobre Sí Mismo
nuestro dolor y el juicio justo de Dios por el pecado. Esto
significa que no hay dolor en la vida que Él no comprenda
íntimamente; no hay carga cuyo peso Él no haya sentido. La
Biblia lo llama un varón de dolores, experimentado *en todos
los sentidos* con el quebranto. Incluido el tuyo.

Por ello, la aflicción no es algo que deberíamos temer
o negar, ni tampoco evitar siempre. Al contrario, Jesús
promete que en este mundo habrá problemas. Pero Él se

"Mas Dios muestra su amor para con nosotros, en que siendo aún pecadores, Cristo murió por nosotros".
Romanos 5:8

"Por tanto, teniendo un gran sumo sacerdote que traspasó los cielos, Jesús el Hijo de Dios, retengamos nuestra profesión. Porque no tenemos un sumo sacerdote que no pueda compadecerse de nuestras debilidades, sino uno que fue tentado en todo según nuestra semejanza, pero sin pecado. Acerquémonos, pues, confiadamente al trono de la gracia, para alcanzar misericordia y hallar gracia para el oportuno socorro".
Hebreos 4:14–16

"[…] En el mundo tendréis aflicción; pero confiad, yo he vencido al mundo".
Juan 16:33

"Cercano está JEHOVÁ a los quebrantados de corazón; y salva a los contritos de espíritu".
Salmos 34:18

"Bendito sea el Dios y Padre de nuestro Señor Jesucristo, Padre de misericordias y Dios de toda consolación, el cual nos consuela en todas nuestras tribulaciones, para que podamos también nosotros consolar a los que están en cualquier tribulación, por medio de la consolación con que nosotros somos consolados por Dios ".
2 Corintios 1:3–4

"Enjugará Dios toda lágrima de los ojos de ellos; y ya no habrá muerte, ni habrá más llanto, ni clamor, ni dolor; porque las primeras cosas pasaron".
Apocalipsis 21:4

acerca a nosotros en nuestra aflicción, nos rescata y nos consuela, y nos ofrece la esperanza de que un día ya no existirán la tristeza y el dolor.

Conocer a Jesús es conocer al Mayor Consolador.

Una vez que lo conocemos, debemos entristecernos *con* Él y responder a otros como Él lo hace; es decir, el pecado debe rompernos el corazón porque destruye la creación perfecta y maravillosa de Dios. Ver a gente perdida debe rompernos el corazón porque ellos no conocen a su Creador ni al amor, perdón y restauración que Él ofrece. Y ver a gente que aflige a otros debe rompernos el corazón porque los ciclos del pecado nos apartan de Aquel que promete rescatar y restaurar las cosas.

Tu turno

5. Explica cómo anticipar los problemas en la vida te podría ayudar a enfrentarlos de manera diferente.

6. ¿Cómo has experimentado que Dios se te acerque en tiempos de dolor? ¿Cómo te ha consolado Su presencia?

7. Vuelve a leer los versículos en el margen de las dos páginas anteriores. ¿Cómo responde Jesús ante nuestro pecado y aflicción, incluso cuando el pecado provoca la aflicción? ¿*Tú* cómo sueles responder ante el pecado y la aflicción de otros?

Fuera del Edén

"Mas él herido fue por nuestras rebeliones,

molido por nuestros pecados; el castigo

de nuestra paz fue sobre él, y por su

llaga fuimos nosotros curados".

Isaías 53:5

Si bien es cierto que el camino de la humanidad hacia la perdición comenzó en el Edén, también es cierto que se ha derramado gracia sobre gracia todos los días desde entonces, culminando en la persona de Jesucristo (Jn. 1:16–17; Ro. 5:12–21). Esto significa que Dios no nos abandona en nuestro pecado y aflicción. Al contrario, Él abre un camino para nuestra restauración. A través de la puerta estrecha encontramos la libertad, y, aunque nunca estaremos del todo libres del dolor o el sufrimiento en la tierra, cuando caminamos con Jesús, el *Varón de Dolores*, recibimos toda la empatía, el cuidado y el consuelo que lo acompañan.

Para nerds bíblicos (como nosotros) que quieren saber

Génesis 6:5–6 dice: "Y vio JEHOVÁ que la maldad de los hombres era mucha en la tierra, y que todo designio de los pensamientos del corazón de ellos era de continuo solamente el mal. Y se arrepintió JEHOVÁ de haber hecho hombre en la tierra, y le dolió en su corazón".

La idea de que un Dios omnisciente (que lo sabe todo) pudiera "arrepentirse" de Sus acciones quizás preocupe a algunos, pero esta forma audaz de hablar antropomórficamente acerca de Dios (atribuir características humanas a algo no-humano) puede ayudarnos a entender cuán malvado y perturbador es realmente el pecado.

Dios experimenta ese "dolor" en respuesta al pecado extenso, intenso y persistente de la humanidad. La palabra hebrea para "arrepintió" en Génesis 6:6 es de la misma raíz que el "dolor" que Adán y Eva sufrieron por su pecado en el jardín del Edén (Gn. 3:16–17).

Si bien nosotros sufrimos las consecuencias de nuestro pecado, Dios también sufre. Su aflicción por el pecado humano se expresa en otras partes de las Escrituras con el mismo término de dolor (Sal. 78:40; Is. 63:10). Aun así, Dios se compadece de los humanos que sufren bajo el peso del pecado, en especial el pecado que nos infligimos unos a otros.

Se describe con otros términos que Dios oyó, vio y conoció las aflicciones de Su pueblo esclavizado en Egipto (Éx. 2:23–25; 3:7–9). Entonces, envió a Moisés a guiar a los israelitas fuera de Egipto, por el desierto y hasta la tierra prometida.

De la misma manera, vemos que Jesús, el Mesías (el Salvador y libertador prometido, profetizado en el AT), responde ante los pecadores de modo similar: "Y al ver las multitudes, tuvo compasión de ellas; porque estaban desamparadas y dispersas como ovejas que no tienen pastor" (Mt. 9:36).

Desde el primer paso hasta el último aliento.

"Por nada estéis afanosos, sino sean conocidas vuestras peticiones delante de Dios en toda oración y ruego, con acción de gracias. Y la paz de Dios, que sobrepasa todo entendimiento, guardará vuestros corazones y vuestros pensamientos en Cristo Jesús" (Fil. 4:6–7).

Cuando entregamos nuestra confusión, dolor y tristeza al Señor, Su paz se precipita. Su abundante misericordia guarda nuestros corazones y se desborda hacia las personas heridas que nos rodean. Su amor inalterable nos impulsa a siempre seguir adelante, mientras que Su gracia y bondad nos sacan de la esclavitud hacia la tierra prometida de los cielos (Sal. 23).

En ese lugar, Dios mismo enjugará nuestras lágrimas.

Tu turno

8. Lee Romanos 8:18–39 y escribe todas las formas en que la gracia de Dios es mayor que tus aflicciones.

Enfoque de la oración

Alaba a Dios por permanecer contigo en tu aflicción. Agradécele por acercarse a ti a pesar de tu pecado y tu lucha autoinfligida, y por la puerta estrecha que conduce a la vida. Pídele fuerzas renovadas y gracia para seguir adelante y para seguir a Jesús sin importar las circunstancias. Ora por oportunidades para extender la gracia de Dios y Su consuelo a otros.

Propuesta de oración

Amado Señor:

Hoy siento tisteza, pero también la llevo ante ti. Gracias porque siempre has estado consciente de mi dolor, y porque decides compartirlo. Gracias por enviar a Jesús para acercarse a mí, para llorar conmigo. Gracias porque Él abrió un camino a través y más allá de mi aflicción. Admito que parte de mi tristeza viene de mis propias elecciones pecaminosas. Por ello, te agradezco por Tu perdón y por Tu promesa de restaurarme y renovarme por medio de Él. Mientras te entrego todo, por favor ayúdame a soportarlo todo, confiando plenamente en Ti (Sal. 55:22; 1 Pe. 5:6–7; Mt. 6:25–34). Por favor, cambia mi corazón para afligirse por lo que te aflige, y luego otórgame el amor y la gracia para ministrar a otros como Tú quieres que lo haga. Amén.

INT. TALLER DE JOSÉ

(José está en su taller. Construye algo mientras habla con un Jesús de seis años de edad. Jesús se sienta sobre un pequeño taburete y lee un rollo. Apenas está aprendiendo a leer).

JESÚS: "Me ha enviado a sanar a los que… bran… brantado".

JOSÉ: "…brantados". ¿Y luego?

JESÚS: "a los que…"

JOSÉ: Quiero oirte. Todas las letras, ¿eh?

JESÚS: "Quebran… ta… tados".

JOSÉ: Bien. Ahora, dilo rápido.

JESÚS: "bran… branteados".

JOSÉ: "…tados". Ahora, junto.

JESÚS: "Quebrantados". ¿Qué significa?

JOSÉ: Un corazón que se rompió… pero no el corazón en tu pecho. Sino lo que te hace estar feliz o triste. Quebrantado significa estar triste o dolido, es alguien que necesita ayuda. Continúa…

JESÚS: "Para… pro… clam… proclamar… libertad".

JOSÉ: Ah, bien. Escucha, ¿podrías tomar esto?

JESÚS: ¿Te ayudaré?

JOSÉ: Sí, ven. (*Jesús se apresura hacia José, quien le da un martillo*). Tienes que aprender a hacer esto bien, ¿eh? Los hombres de nuestra familia pueden atravesar un clavo de un solo golpe, *tal vez* dos. Te permitiré dos golpes en tu primer intento. Ahora, Tú no siempre estarás haciendo carpintería como yo. Serás un artesano, de piedra y otros materiales, no solo de madera.

JESÚS: ¿Por qué, Abba?

JOSÉ: Porque no hay mucha madera por aquí; este es un lugar de roca y caliza. Elegí el negocio equivocado, ¿eh? Muy bien. No uses todo tu gran brazo para golpear. Solo esta parte, la mitad inferior. Golpea desde el codo. Así tienes más control, ¿ves? Ahora, sostendré el clavo firmemente para que no te hagas daño y puedas golpear.

(*Él coloca un clavo en el lugar correcto*).

JESÚS: ¿Y si te lastimo la mano?

JOSÉ: Oh, Tú tienes un gran talento como Tu Abba. Estarás bien. Hazlo.

(*Jesús practica el movimiento una o dos veces, claramente muy concentrado y enfocado en el clavo. Finalmente da un golpe fuerte desde el antebrazo y le atina al clavo. José retrae su mano*).

JOSÉ (CONT.): ¡AHHHH!

(*Jesús da un grito de sorpresa y miedo mientras José se aleja por el "dolor". Por supuesto, José comienza a reírse*).

JOSÉ (CONT.): Estoy jugando, ¿sí? ¡Mira qué bien lo hiciste! ¡A la mitad! Muy bien. Oye, lo lamento, ¿sí? (*José abraza a Jesús*). A tu Abba le gusta bromear, no pude evitarlo. ¡Eso está muy bien! Jesús, tengo algo muy especial que mostrarte. Ve y busca esa caja de ahí, en la esquina. Sí, esa.

(*Jesús la trae y José la abre. Es la brida de burro que Jesús recuperó de la casa de María*).

JOSÉ (CONT.): Escucha con atención, ¿sí? Estas son la brida y el freno de una mula. Yo sé que ya las has visto antes, pero esta es muy especial. Hace miles de años, cuando nuestro pueblo al fin fue liberado de la esclavitud, cuando iban saliendo, uno de nuestros antepasados de la gran tribu de Judá usó esta misma brida y freno para conducir a su mula cargada de provisiones fuera de Egipto.

(Jesús voltea y ve a Su madre, María, bajo el marco de la puerta. Ella los mira en silencio, sonriendo).

JOSÉ (CONT.): Por supuesto, la mula eventualmente murió, y todo se perdió en el desierto. Pero esto estaba en su mano cuando escapó, así que lo conservó. Los hombres de nuestra familia lo han pasado de una generación a otra por cuarenta generaciones como recuerdo de nuestra esclavitud, pero aún más importante, Jesús, como recuerdo de haber sido conducidos a la libertad a la tierra prometida. Es vieja y no es bonita, pero un día mi padre me la heredó a mí como hoy te la heredo a ti. Solíamos decir: "¿Quién sabe? Tal vez uno de nosotros la use algún día". Sé que no planeas tener un hijo, así que… tal vez termine su trayecto contigo. Pero no dejaré esta tierra sin habértela dado.

JESÚS *(mira el objeto fijamente, y luego mira a José)*: Gracias, Abba.

"Cualquiera, pues, que me oye estas palabras, y las hace, le compararé a un hombre prudente, que edificó su casa sobre la roca. Descendió lluvia, y vinieron ríos, y soplaron vientos, y golpearon contra aquella casa; y no cayó, porque estaba fundada sobre la roca".

Mateo 7:24–25

Lección 4

PÁRATE
sobre el fundamento de Jesús

INT. CASA DE SIMÓN - DÍA

(Todos los discípulos menos Tomás están en la casa de Simón. Todos han regresado de su misión. Al igual que los soldados que regresan de la guerra, algunos turbados, otros fortalecidos; todos transformados).

JUAN: Y entonces, en un instante, así como así, sus ojos grises se volvieron color avellana. Tomás y yo nunca habíamos visto nada igual. Los padres rompieron en llanto.

ANDRÉS: Es una pena que lo primero que tuvo que ver con sus nuevos ojos fueras tú.

SANTIAGO EL MAYOR: Traumatizante.

SIMÓN *(apartado de la conversación, vertiendo agua en unos frascos; Edén aplasta unos garbanzos remojados junto a él)*: ¿Necesitas ayuda con eso?

EDÉN *(fríamente)*: No.

SIMÓN *(susurrando)*: ¿Algo te ha estado molestando últimamente?

EDÉN: No.

(Vuelven a hablar los demás).

FELIPE: Bueno, resulta que Andrés es un destacado predicador.

ANDRÉS: Creo que logramos algo importante.

TADEO: ¿Estuviste en la Decápolis? ¿Con gentiles?

FELIPE: Había gentiles y judíos helenistas, sí, y nos odiaron tanto como se odian entre ellos.

ANDRÉS: Creo que los gentiles creyeron que los ayudaríamos a iniciar una guerra.

SANTIAGO EL MENOR: Oye, Simón, ¿estás orgulloso de tu hermano?

EDÉN (llamándole la atención): Simón.

SIMÓN: Perdona, ¿qué?

SANTIAGO EL MENOR: Dije que debes estar orgulloso de Andrés.

SIMÓN: Claro que lo estoy.

TADEO: Santiago el Mayor, ¿cómo estuvo la Llanura de Sharon?

NATANAEL: Has estado callado toda la mañana.

SANTIAGO EL MENOR: Zé y Mateo, ustedes también.

SANTIAGO EL MAYOR (encogiéndose de hombros): Estuvo bien. Predicamos. Hicimos las cosas que Jesús nos dio el poder de hacer.

NATANAEL: Suenas tan entusiasmado como un saduceo con dolor de muelas.

SANTIAGO EL MAYOR: Solo no creo que haya sido una buena idea. Solo creó más revuelo. Complicará las cosas, más gente, más escrutinio.

JUDAS: ¿Qué quieres? ¿Frenarlo?

JUAN: Solo está enfadado conmigo. Está molesto porque me he acercado a Tomás y porque Jesús una vez me llamó "amado".

SANTIAGO EL MAYOR: Me sentía así antes de irnos. ¡No me importa eso ahora! Diles lo que me dijiste antes, ¡diles! Al usarnos como recipientes, Jesús nos dio poder, pero no nos dio entendimiento.

MATEO: Yo también lucho por entender.

JUAN: Los sanamos, pero nos sentimos abrumados.

NATANAEL: ¿Pero Él de verdad necesita entendimiento? Me parece que son más importantes nuestras obras.

SANTIAGO EL MAYOR: Para ustedes es fácil decirlo. Tú y Tadeo iban de puerta en puerta en Caná. Lo conocen en Caná. Probablemente los invitaron a sus casas.

NATANAEL (él y Tadeo se echan una mirada culpable): Iré a misiones más difíciles.

JUDAS: Natanael tiene razón. Él nunca dijo nada sobre entender. De todos modos, esto era temporal.

SANTIAGO EL MENOR: Cuando estaba predicando, podía sentir que Él me daba las palabras.

SANTIAGO EL MAYOR: Dije cosas que aún no comprendo ni aplico. Me sentí como un fraude.

ANDRÉS: Yo me sentía igual, pero no me molestaba.

EDÉN: En vez de discutir sobre eso, ¿por qué no se lo preguntan a Jesús cuando regrese?

(Todos se sorprenden de la intervención de Edén. Ella también parece sorprendida).

MATEO: Muy buena idea.

TADEO: ¿Quién puede decir cuándo será eso?

TODOS: Pronto.

FELIPE: La palabra más imprecisa.

JUAN: Así que algunas cosas fueron confusas, Santiago. ¿Puedes vivir con eso hasta conseguir entendimiento?

Tormentas

Jesús puede intervenir en las situaciónes difíciles de la vida, y lo hace. Pero aun así las tenemos que afrontar. Seguir a Jesús no significa que Él quita todas las tormentas de nuestras vidas. Más bien Él promete ser la tierra firme sobre la que nos paramos, de modo que se vuelve posible soportar el viento y la lluvia. Por el contrario, cuando elegimos las arenas movedizas del camino ancho, las cosas se caen y se produce la destrucción.

Lo mismo fue cierto para los discípulos. A veces pensamos que por su cercanía física a Jesús (es decir, que podían verlo con sus propios ojos) de alguna manera era más fácil para ellos. Pensamos *"Si tan solo pudiera ver a Jesús, si tan solo pudiera oir Su voz, entonces tendría la sabiduría, la valentía, los recursos para seguirlo"*. Pero la experiencia de los discípulos era igual a la nuestra en que su capacidad de seguir dependía de en dónde pusieran su esperanza.

Para nerds bíblicos (como nosotros) que quieren saber

Al crecer en el hogar de un artesano como José, seguro fue muy natural para Jesús razonar mediante metáforas de construcción. Pero cuando predicó sobre la necesidad de un fundamento sólido también hablaba de los falsos profetas.

Dijo: "Guardaos de los falsos profetas, que vienen a vosotros con vestidos de ovejas, pero por dentro son lobos rapaces. Por sus frutos los conoceréis. ¿Acaso se recogen uvas de los espinos, o higos de los abrojos? Así, todo buen árbol da buenos frutos, pero el árbol malo da frutos malos. No puede el buen árbol dar malos frutos, ni el árbol malo dar frutos buenos. Todo árbol que no da buen fruto, es cortado y echado en el fuego. Así que, por sus frutos los conoceréis. No todo el que me dice: Señor, Señor, entrará en el reino de los cielos, [...]" (Mt. 7:15–21).

En Ezequiel 13, Dios también utilizó una metáfora de construcción para describir el asunto de los falsos profetas, quienes "recubrían con lodo suelto" los problemas importantes para encubrir el pecado del pueblo. Pero los muros que erigían eran baratos y expuestos, y no sobrevivirían la tormenta.

Sin duda, no fue coincidencia que el padre terrenal de Jesús fuera carpintero. Jesús también lo fue. En cierto sentido Su Padre celestial también, pues Dios construyó todo el mundo y aún lo sostiene a pesar de los efectos destructivos del pecado.

Lamentablemente, el entorno espiritual de los humanos suele fluctuar tan a menudo como el clima.

Tu turno

1. Sé honesto. ¿Qué es lo que más te hace sentir seguro, firme y estable? En otras palabras, ¿sobre qué has edificado tu casa metafórica?

Piedra vence a ~~tijeras~~ arena

"Pero cualquiera que me oye estas palabras y no las hace, le compararé a un hombre insensato, que edificó su casa sobre la arena; y descendió lluvia, y vinieron ríos, y soplaron vientos, y dieron con ímpetu contra aquella casa; y cayó, y fue grande su ruina".

Mateo 7:26–27

El problema de las tormentas es que son impredecibles (una disculpa a los meteorólogos). Nunca se sabe qué provocarán. ¿El granizo provocará daños? ¿El viento dañará los techos? ¿Pasará un torbellino por la calle? ¿También nos llevará a nosotros junto con todo lo demás?

Luego están las tormentas emocionales, las que conllevan una serie de preguntas totalmente diferentes. ¿Perderé mi trabajo? ¿Siempre estaré solo? ¿Alguna vez me libraré de la adicción? ¿Sufrirá o morirá la persona que amo? ¿Sufriré o moriré yo?

Queremos saber de antemano cómo terminarán las cosas, aunque rara vez lo conseguimos.

Pero eso no significa que nunca lleguemos a saberlo.

Resulta que los discípulos tuvieron dudas similares en cuanto a sus vidas, a Jesús y a lo que les depararía el futuro (Jn. 13:36–14:11; 21:15–22; Hch. 1:6–8). Claro, ahora sabemos que las respuestas habrían sido demasiado difíciles de soportar puesto que diez de los doce llegaron a ser martirizados por su lealtad a Cristo. Sin embargo, justo antes de resucitar a Su amigo Lázaro de entre los muertos, Jesús dijo: "Yo soy la resurrección y la vida; el que cree en mí, aunque esté muerto, vivirá. Y todo aquel que vive y cree en mí, no morirá eternamente" (Jn. 11:25–26).

Pero, a pesar de su resurrección milagrosa, Lázaro eventualmente murió, lo que plantea la pregunta: ¿de qué sirvió que Jesús lo resucitara? ¿Para darle a Lázaro unos añitos más sobre este planeta quebrantado y pecaminoso? ¿Para ahorrarles por un tiempo a sus hermanas el dolor que eventualmente experimentarían por segunda vez de todos modos? ¿Para qué suspender el sufrimiento de ellos si el sufrimiento sería inevitable?

La respuesta es sencilla:

Para saber cómo terminará la historia.

Tu turno

2. ¿Qué tormentas estás enfrentando?

3. ¿De qué manera estás edificando tu casa, y tu esperanza, sobre la arena? ¿De qué manera las estás edificando sobre la Roca?

4. Cuando Dios promete algo, lo cumple. Encierra alguna o todas las promesas a continuación que te ofrezcan un fundamento más seguro.

> "¿No has sabido, no has oído que el Dios eterno es JEHOVÁ, el cual creó los confines de la tierra? No desfallece, ni se fatiga con cansancio, y su entendimiento no hay quien lo alcance. Él da esfuerzo al cansado, y multiplica las fuerzas al que no tiene ningunas. Los muchachos se fatigan y se cansan, los jóvenes flaquean y caen; pero los que esperan a JEHOVÁ tendrán nuevas fuerzas; levantarán alas como las águilas; correrán, y no se cansarán; caminarán, y no se fatigarán".
>
> Isaías 40:28–31

> "La paz os dejo, mi paz os doy; yo no os la doy como el mundo la da. No se turbe vuestro corazón, ni tenga miedo".
>
> Juan 14:27

> "Mi Dios, pues, suplirá todo lo que os falta conforme a sus riquezas en gloria en Cristo Jesús. Al Dios y Padre nuestro sea gloria por los siglos de los siglos. Amén".
>
> Filipenses 4:19–20

"Como todas las cosas que pertenecen
a la vida y a la piedad nos han sido
dadas por su divino poder, mediante el
conocimiento de aquel que nos llamó
por su gloria y excelencia, por medio
de las cuales nos ha dado preciosas y
grandísimas promesas, para que por ellas
llegaseis a ser participantes
de la naturaleza divina, habiendo
huido de la corrupción que hay en el
mundo a causa de la concupiscencia…".
2 Pedro 1:3–4

Palabras que indican acción

"No todo el que me dice: Señor, Señor, entrará en
el reino de los cielos, sino el que hace la voluntad
de mi Padre que está en los cielos. Muchos me
dirán en aquel día: Señor, Señor, ¿no profetizamos
en tu nombre, y en tu nombre echamos fuera
demonios, y en tu nombre hicimos muchos
milagros? Y entonces les declararé: Nunca os
conocí; apartaos de mí, hacedores de maldad".
Mateo 7:21–23

Hay una conexión obvia entre el decir y el hacer.
La vemos en la vida diaria y nos quejamos cuando el
comportamiento de alguien no concuerda con lo que
dice creer. En general, somos rápidos para acusar y
rechazar a alguien que parece hipócrita.

Es algo que detestamos.

Para nerds bíblicos (como nosotros) que quieren saber

Una de las palabras hebreas en el AT más comunes traducida como "creer" (*'âman*), así como la palabra griega que se traduce igual (*pisteuō*), no describen un simple estar de acuerdo. Más bien implican una confianza con compromiso.

En español haríamos esta distinción con una palabra adicional. Por ejemplo, reconocemos la diferencia entre creer que una persona es el líder de la nación (acuerdo) y creer en cierta persona como el líder del país (confianza con compromiso). En el NT, Santiago (no Santiago el apóstol, sino el hermano menor de Jesús, quien eventualmente fue creyente) comentó sobre esta importante distinción: "Tú crees que Dios es uno; bien haces. También los demonios creen, y tiemblan" (Stgo. 2:19). Después hizo un llamado a creer en verdad, a confiar en Él con compromiso, a una confianza manifestada en el modo de vivir.

Santiago apuntó a Abraham en el AT como un excelente ejemplo (Stgo. 2:20–23). Como modelo clave de fe, Abraham no se ganó la salvación por creer; más bien su obediencia a Dios confirmó que su creencia era una confianza real y comprometida. El apóstol Pablo también apuntó a Abraham: "Porque si Abraham fue justificado por las obras, tiene de qué gloriarse, pero no para con Dios. Porque ¿qué dice la Escritura? Creyó Abraham a Dios, y le fue contado por justicia. Pero al que obra, no se le cuenta el salario como gracia, sino como deuda; mas al que no obra, sino cree en aquel que justifica al impío, su fe le es contada por justicia" (Ro. 4:2–5).

Así que nuestro creer en Jesucristo como Salvador nuestro (Ef. 2:8–9) se hace evidente en nuestra obediencia a Él como Señor (v. 10).

De la misma manera, no basta estar de acuerdo con las palabras de Jesús. Después de todo, mandó a Sus elegidos oír sus palabras y *hacerlas*. Claro, la salvación se basa solamente en la muerte y resurrección de Jesús: "[…] si confesares con tu boca que Jesús es el Señor, y creyeres en tu corazón que Dios le levantó de los muertos, serás salvo" (Ro. 10:9). Pero creer en Jesús significa *seguirlo*, y *seguir* es una palabra que implica acción. Es decir, los que creen en Jesús lo obedecen.

Bastante simple, ¿verdad? Nuestras acciones coinciden con nuestras palabras porque rendimos nuestros corazones al Señor. Solo que rendirse se vuelve más difícil cuando tenemos problemas. Específicamente, va en contra de nuestra naturaleza confiar en Jesús cuando nuestras finanzas van mal o cuando un ser querido se enferma; preferimos controlar, batallar y de alguna manera manejar esas cosas. Sin embargo, seguirlo significa ceder el control.

Aunque no nos guste.

Entonces ¿cómo decidimos ceder el control y llamar a Jesús "Señor"? ¿Cómo nos aseguramos de que nuestras acciones concuerden con nuestras palabras? ¿Cómo mantenemos una postura de fe que no dependa de la intensidad o la dirección con que el viento sopla? ¿Cómo nos paramos sobre la Roca de nuestra salvación?

La respuesta es simple: permanecemos.

Hipocresía: el acto de afirmar tener estándares morales o creencias a las que el propio comportamiento no se ajusta; fingir.

Rendirse: someterse a la autoridad de otro.

Señor: alguien o algo con poder, autoridad o influencia sobre otro; un maestro o gobernante.

"En Dios solamente está acallada mi alma; de él viene mi salvación. Él solamente es mi roca y mi salvación; es mi refugio, no resbalaré mucho". Salmos 62:1–2

Tu turno

5. ¿De qué manera eres hipócrita? (El pecado nos hace a todos hipócritas hasta cierto punto, por lo que literalmente todos debemos poder responder esta pregunta).

6. Lee Juan 14:6; Efesios 2:10, y Gálatas 2:20–21. En tus propias palabras, explica la relación entre ser salvos <u>solo</u> por gracia y hacer buenas obras.

7. Vuelve a leer Mateo 7:24. ¿A qué equipara Jesús con "edificar sobre la roca"? ¿Qué cosa específica puedes hacer hoy en respuesta a lo que Él dijo?

Permanecer

"Permaneced en mí, y yo en vosotros. Como el pámpano no puede llevar fruto por sí mismo, si no permanece en la vid, así tampoco vosotros, si no permanecéis en mí. [...] Como el Padre me ha amado, así también yo os he amado; permaneced en mi amor. Si guardareis mis

Permanecer: mantenerse estable o en un estado fijo; continuar hacia un lugar.

mandamientos, permaneceréis en mi amor; así como yo he guardado
los mandamientos de mi Padre, y permanezco en su amor".

Juan 15:4, 9–10

La Biblia está llena de imágenes —metáforas de rocas y arena, frutas y viñas— porque los seres humanos comprendemos mejor la naturaleza de nuestro Dios invisible mediante Su creación visible. Y estas metáforas en específico indican lo mismo: ¡Jesús es la fuente de nuestra fuerza, el fundamento de nuestra esperanza y el tema central de las Escrituras!

Seguimos a Jesús no para que nuestras vidas estén libres de tormenta, sino porque este mundo no lo es todo. Lo seguimos porque Él tiene el control sobre la misma muerte y prometió resucitarnos para vivir en el cielo, donde las tormentas se calmarán para siempre.

"Esforzaos y cobrad ánimo; no temáis, ni tengáis miedo de ellos, porque JEHOVÁ tu Dios es el que va contigo; no te dejará, ni te desamparará".
Deuteronomio 31:6

Lo seguimos porque, mientras tanto, Él promete nunca dejarnos ni abandonarnos, y ser la tierra firme sobre la que nos paramos.

Ciertamente, la única manera de evitar ser sacudido por las tormentas de la vida es conocer y permanecer en Jesús, creer en Sus promesas y hacer lo que manda, porque hasta los vientos y las olas le obedecen (Mt. 8:27).

Y en Su poder y por Su gracia no seremos derribados.

Tu turno

8. Observa con más detenimiento la metáfora de la vid y el pámpano de Juan 15. ¿De qué manera práctica puedes elegir permanecer en Jesús el día de hoy?

Enfoque de la oración

Alaba a Jesús por ser tu fundamento seguro, la Roca de tu salvación y tu esperanza futura. Agradécele porque promete permanecer contigo en cada tormenta. Pídele más fe para creer en Sus palabras y un mayor sentido de Su paz y presencia en medio del caos. Ora por fuerzas para continuar siguiéndolo sin importar cuán difíciles sean las circunstancias, sabiendo que el camino de Jesús es correcto, bueno y verdadero.

Propuesta de oración

Amado Jesús:

Estoy tan contento de que Te hayas revelado como la Roca de la salvación. Gracias porque no necesito tratar de salvarme a mí mismo; confío en Ti. Y gracias porque eres el fundamento más seguro e inamovible para la vida y para la esperanza, más que cualquier otra roca. Sin embargo, como ya lo sabes, enfrento tormentas en este momento, y siento la tentación de tratar de controlarlas por mi cuenta. Por favor, ayúdame a confiar en Ti en medio de estas dificultades. Por favor, ayúdame a experimentar más de Tu paz en estos momentos, incluso ahora mismo. En lugar de alejarme de Ti, quiero permanecer en Ti, recibir valentía, fuerza y esperanza de Ti. Por favor, ayúdame a hacer eso. Por la obra de Tu Espíritu en mi vida, sorpréndeme con un fruto de obediencia que solo provenga de Ti, no de mis propios esfuerzos. Por ello, te alabaré. Amén.

EXT. CAMPO - PRIMAVERA, DÍA

(Verónica —es decir, la mujer con el flujo de sangre— está lavando ropa cuando llega Edén con un enorme bulto propio).

EDÉN: Shalom, Verónica.

VERÓNICA: Tu casa ya está ocupada.

EDÉN: ¿Qué?

VERÓNICA: Parecen túnicas de varón.

EDÉN *(acercándose al agua)*: Ah, sí. Mi esposo y sus amigos regresaron a casa.

VERÓNICA: El lugar perfecto.

EDÉN: Te aseguro que no hay nada perfecto en mi hogar… o en mí.

VERÓNICA: Hablo del Edén, el jardín.

EDÉN: Ah. ¿Qué te trajo aquí desde Cesarea de Filipo?

VERÓNICA: Vine a escuchar al Predicador en el Monte.

EDÉN: Ah, por supuesto.

VERÓNICA: Seguro estabas ahí.

EDÉN: Sí *(se distrae con un pensamiento oscuro)*, estuve allí.

VERÓNICA: ¿Y no te gustó lo que oiste?

EDÉN: Sí me gustó. Es solo que… han pasado muchas cosas desde entonces.
(Cambia de tema). Debió ser un viaje complicado con tu…

VERÓNICA: ¿Qué?

EDÉN: No sé, con… tu cojera.

VERÓNICA: Mis piernas están bien, llevo…

(De repente ambas mujeres se incomodan. Verónica está sangrando. Se cubre el lugar.
Los ojos de Edén se mueven hacia el montón de telas ensangrentadas).

EDÉN: ¿Cuánto tiempo llevas…

VERÓNICA: Doce años.

EDÉN: ¿Quieres decir días?

VERÓNICA: No, años.

EDÉN: ¡Doce! ¿Cómo es posible?

VERÓNICA: Es una enfermedad rara.

EDÉN: ¿Cómo sigues viva?

VERÓNICA: Solo me debilita. Será mejor que mantengas distancia. Si tocas algo de
eso, estarás ritualmente impura y no podrás tocar a tu esposo por siete días.

EDÉN: Oh, te lo aseguro, no he podido tocar a mi esposo.

(Verónica alza las cejas. Lavan la ropa en silencio. Edén mira el montón ensangrentado
algunas veces más, y Verónica dice):

VERÓNICA: No hay cura para mi enfermedad. Gasté mis posesiones en doctores
y solo la empeoraron. No hubo esperanza ahí.

EDÉN: ¿Y qué haces sin esperanza?

VERÓNICA: No he perdido *toda* la esperanza. No la curaron los doctores, pero tal
vez haya algo que no he intentado aún.

"No os hagáis tesoros en la tierra, donde la polilla y el orín corrompen, y donde ladrones minan y hurtan; sino haceos tesoros en el cielo, donde ni la polilla ni el orín corrompen, y donde ladrones no minan ni hurtan. Porque donde esté vuestro tesoro, allí estará también vuestro corazón".

Mateo 6:19-21

DELÉITATE
en lo que deleita a Jesús

INT. CASA DE SIMÓN

(Jesús se sienta con Mateo, Andrés, Santiago el Menor y Felipe. Hay unos odres vacíos cerca de ellos. Edén pone un plato delante de Jesús).

JESÚS: Y ahora romperé mi ayuno. Gracias, Edén.

EDÉN: De nada.

SANTIAGO EL MENOR: Espera, ¿ayunaste estando de viaje?

JESÚS: No, solo durante la noche, ocho horas. *(Jesús ora, y después muerde un pepino).* Edén, ¡estos pepinos encurtidos son magníficos!

(Edén, inclinada sobre el fregadero, junta los labios y sonríe. Se aguanta la emoción. Mateo se percata de la mirada preocupada pero sabia de Jesús, y no dice nada).

FELIPE: Rabino, he querido preguntarte sobre el ayuno.

JESÚS: Algo que estoy muy feliz de no estar haciendo en este momento.

FELIPE: Juan nos exigía ayunar a intervalos regulares; decía que el sacrificio del ayuno es íntegro para cualquier compromiso serio con Dios. Sin embargo, Tú ni una sola vez nos has pedido que ayunemos. Oh, hubo una vez en Shabat donde comimos espigas de trigo, pero solo teníamos hambre; eso no fue ayuno intencional.

JESÚS: ¿A dónde quieres llegar?

FELIPE: Bueno, los fariseos ayunan todo el tiempo.

ANDRÉS: Hacen gran alarde de ello, desfigurándose la cara.

FELIPE: Si es tan importante para ellos, y se enteran de que no lo hacemos… No sé, ¿no crees que podrían usarlo en contra nuestra?

JESÚS: ¿Pueden los invitados de la boda llorar mientras el novio esté con ellos? Se acercan los días en que el novio será llevado. Entonces ayunarán.

MATEO: ¿Llevado?

JESÚS: *(A Mateo).* Recuerda eso. *(A Felipe).* Cuando ayunaban antes, ¿por qué oraban?

FELIPE: Por Tu llegada.

ANDRÉS: Bien, entonces, ¿cuál sería el punto ahora?

JESÚS: Exacto. Edén, ¿tienes algún vino fermentando en este momento?

EDÉN *(sorprendida)*: Sí, en la trastienda.

JESÚS: Santiago el Menor, ¿puedes bajar ese odre vacío?

FELIPE *(emocionándose)*: Oh, creo que se avecina una lección.

JESÚS: Edén, la última vez que revisaste el vino, ¿qué estaba haciendo?

EDÉN: Lo que siempre hace en esta etapa, una especie de burbujeo, sacando pequeñas columnas de aire de vez en cuando.

JESÚS: Santiago el Menor, ¿cómo se siente ese odre?

SANTIAGO EL MENOR: Rígido, no muy flexible.

JESÚS: Así que, si Edén fuera a poner su vino nuevo en ese recipiente, ¿qué pasaría?

SANTIAGO EL MENOR: No lo sé.

FELIPE: El viejo cuero ya no puede estirarse más.

MATEO: El vino nuevo no pararía de expandirlo y luego explotaría.

JESÚS: Así que el vino nuevo debe ponerse en odres nuevos.

ANDRÉS: Seré el primero en admitir que no… lo entiendo.

JESÚS: Los caminos del reino que estoy trayendo a este mundo no entrarán en viejos recipientes o estructuras.

FELIPE *(quien comienza a entender)*: Ser revolucionario es divertido.

El Novio y las bendiciones

En el episodio 5 de la temporada 3, vemos a los seguidores de Jesús experimentar diversos grados de deleite. Zebedeo celebra su nuevo interés por la producción de aceite de oliva e invita a sus talentosas amigas a participar.

Deleitar: obtener placer; dar alegría o satisfacción.

A pesar de los problemas ocultos en el hogar de Simón, él y su (sorprendente) nuevo amigo, Gaius, avanzan en un proyecto comunitario. Y Jesús regresa a Sus expectantes discípulos, quienes vuelven a disfrutar de Su compañía y de Su enseñanza extraordinaria.

Se trata de esto: Dios quiere que todas estas cosas (las relaciones, los descubrimientos, el trabajo en equipo, la obra bien hecha, una buena comida, una comunidad vibrante, un hogar para descansar) se disfruten.

Va de nuevo.

Dios quiere que disfrutes el mundo que creó, porque lo que Él crea es bueno.

"Y vio Dios todo lo que había hecho, y he aquí que era bueno en gran manera. Y fue la tarde y la mañana el día sexto".
Génesis 1:31

Pero aún más que las bendiciones terrenales, Dios quiere que lo disfrutes a *Él*; que consideres tu relación con Él tu mayor tesoro; que te emociones por pasar tiempo a Sus pies, escuchando y meditando en Sus palabras; que te llenes de gozo y paz como resultado de haber estado en Su presencia; que lleves Su sabiduría, amor y gracia a tus relaciones con otros, y que tu manera de ver y experimentar el mundo sea transformada fundamental y permanentemente por *Su manera de ver al mundo*.

Él quiere que te deleites en tu relación con el Novio.

Tu turno

1. Escribe algunas cosas en tu vida, bendiciones de Dios, que realmente disfrutas.

Odres

"Nadie pone remiendo de paño nuevo en vestido viejo; porque tal remiendo tira del vestido, y se hace peor la rotura. Ni echan vino nuevo en odres viejos; de otra manera los odres se rompen, y el vino se derrama, y los odres se pierden; pero echan el vino nuevo en odres nuevos, y lo uno y lo otro se conservan juntamente".

Mateo 9:16–17

Siendo honestos, a veces practicar una religión es más fácil que procurar una relación. Es decir, existe un tipo de comodidad al depender de nuestras propias obras en vez de Jesús, y a menudo pensamos que seguirlo supone una serie de reglas y normas que respetar, cosas que debemos hacer o un tipo de persona que debemos ser para tener una buena reputación frente a Dios y los demás. Si bien seguir es una palabra que indica acción, y conocer verdaderamente a Jesús lleva al arrepentimiento y a una vida transformada, nuestro comportamiento no es el objetivo.

El objetivo es nuestra relación con nuestro Creador, con el Novio. Y en Jesús, eso es algo nuevo.

Religión:
un conjunto personal o un sistema institucionalizado de actitudes, creencias y prácticas.

Relación:
el estado en el que dos personas están conectadas.

Para nerds bíblicos (como nosotros) que quieren saber

Tanto en el Antiguo Testamento como en el Nuevo, la relación de un esposo con su esposa se da como una imagen de la relación entre Dios y Su pueblo escogido.

Por ejemplo, Isaías comenta que "como el gozo del esposo con la esposa, así se gozará contigo el Dios tuyo" (Is. 62:5).

Pablo compara el amor de un esposo por su esposa con el amor de Cristo por Su iglesia (Ef. 5:25–29).

Las Escrituras también mencionan cómo la infidelidad en la relación con Dios produce el mismo dolor que la infidelidad en el matrimonio (p.e. Jer. 2:1–3, 32).

Pero Dios procura Su pueblo con fidelidad y persistencia para llevarlos de vuelta a una relación con Él (Os. 1–3).

Mediante una gama de imágenes y metáforas, el gozo del matrimonio también se usa para describir la eternidad cuando el pueblo de Dios habitará la nueva Jerusalén "dispuesta como una esposa ataviada para su marido", y presentada como "la desposada, la esposa del Cordero" (Ap. 21:2, 9).

Para ser claros, la relación con Dios siempre ha estado disponible por la gracia mediante la fe (Ro. 4:1–8), pero nadie ha sido lo suficientemente "bueno" como para *ganarse* su salvación (Ga. 2:16). En la época del AT, los israelitas debían obedecer la ley de Moisés; a cambio, Dios prometió guiar, proteger y bendecirlos (Dt. 30:15–18; 1 Sam. 12:14–15). Pero el pueblo no pudo guardar la ley, entonces para mantenerse conscientes de la ofensa de su pecado, y porque Dios es santo, tenían que hacer los sacrificios expiatorios correspondientes.

Una y otra y otra vez.

De esta manera, el "viejo pacto" les mostraba a las personas su necesidad de confiar en la gracia de Dios para la salvación (Heb. 9:1–10). Pero también apuntaba hacia un "nuevo pacto", porque Dios haría por ellos lo que no podían lograr por sus fuerzas.

Y lo haría por nosotros también.

"Ahora, pues, ninguna condenación hay para los que están en Cristo Jesús, [...] Porque la ley del Espíritu de vida en Cristo Jesús me ha librado de la ley del pecado y de la muerte. Porque lo que era imposible para la ley, por cuanto era débil por la carne, Dios, enviando a su Hijo en semejanza de carne de pecado y a causa del pecado, condenó al pecado en la carne; para que la justicia de la ley se cumpliese en nosotros, que no andamos conforme a la carne, sino conforme al Espíritu" (Ro. 8:1–4).

Jesús marcó el comienzo del nuevo pacto y cumplió la antigua promesa al volverse el máximo y

"¡Voy a hacer algo nuevo! Ya está sucediendo, ¿no se dan cuenta? Estoy abriendo un camino en el desierto y ríos en lugares desolados".
Isaías 43:19 (NVI)

Gracia:
favor inmerecido de Dios hacia los humanos.

Santo:
distinto, apartado, perfecto e incontaminado por el pecado.

Expiar:
reparar o compensar por algo.

Los sacrificios expiatorios de los israelitas del AT se describen en gran detalle en el libro de Levítico.

Pacto:
un acuerdo vinculante.

"He aquí que vienen días, dice JEHOVÁ, en los cuales haré nuevo pacto con la casa de Israel y con la casa de Judá. No como el pacto que hice con sus padres el día que tomé su mano para sacarlos de la tierra de Egipto; porque ellos invalidaron mi pacto, aunque fui yo un marido para ellos, dice JEHOVÁ. Pero este es el pacto que haré con la casa de Israel después de aquellos días, dice JEHOVÁ: Daré mi ley en su mente, y la escribiré en su corazón; y yo seré a ellos por Dios, y ellos me serán por pueblo".
Jeremías 31:31–33

perfecto sacrificio por el pecado. ¡Y eso lo cambió todo! Lamentablemente, a veces todavía operamos a la antigua. Conocemos nuestro pecado y nuestra completa incapacidad de ser perfectos, pero buscamos mejorar por nuestras propias fuerzas. *Oraré más. Leeré más mi Biblia. Llamaré más seguido a mi abuela.* Ya entendiste. A esto agrégale nuestra tendencia de compararnos con otros para justificarnos: *Al menos no soy tan malo como fulano de tal.*

Solo terminamos teniendo más religión, y menos relación.

Jesús usó la metáfora de los odres para ayudar a Sus seguidores a entender que Él estaba comenzando algo nuevo: un regreso a la relación con Dios como se pretendía en el jardín del Edén, donde todo era bueno, hermoso, alegre y en paz. Por ello, Jesús no es solo otra pieza de un rompecabezas religioso. No es una extensión de un modo de vida antiguo. Y ciertamente no es un "buen" maestro de prácticas religiosas comunes (al estilo de Mahoma, Gandhi, Buda o quien sea).

Jesús, junto con el tipo de relación que ofrece libremente, es LO nuevo.

Y la mayoría de nosotros no lo hemos entendido bien.

Tu turno

2. ¿Cuáles son tus prácticas religiosas? Es decir, ¿qué cosas te sientes obligado a hacer *con el fin de* ser "bueno"?

3. Lee Mateo 6:16–18, y explica por qué las prácticas religiosas de los fariseos a veces obstaculizaban su relación con Dios.

4. Describe tu relación con Jesús. ¿Es formal o familiar? ¿Es aburrida o emocionante? O, lo más probable, ¿en qué medida es una mezcla de las anteriores?

Animales de carga

"Venid a mí todos los que estáis trabajados y cargados, y yo os
haré descansar. Llevad mi yugo sobre vosotros, y aprended de mí,
que soy manso y humilde de corazón; y hallaréis descanso para
vuestras almas; porque mi yugo es fácil, y ligera mi carga".

Mateo 11:28–30

Jesús extendió una hermosa invitación: intercambiar tus cargas por el descanso. Pero, en vez de aceptar Su oferta, es más común que practiquemos la religiosidad y nos aferremos a nuestras cargas. La vida es difícil y nuestras luchas son muchas, por lo que nuestras cargas son pesadas. La religión misma puede ser pesada. Pero Jesús nos invita a llevar *Su* yugo, a cambiar la religión por la relación, lo terrenal por lo celestial, lo pesado por lo ligero. Nos invita a creer en Él y confiar en Él.

Para nerds bíblicos (como nosotros) que quieren saber

En el mundo del primer siglo, en gran parte agrario, la gente habría captado bien la referencia de Jesús a un yugo. Era un armazón de madera que se sujetaba al cuello y hombros de uno o dos animales (a menudo bueyes) para que trabajaran mejor juntos (1 Sam. 6:7; 11:7; Lc. 14:19). Unir animales de carga así era un símbolo antiguo de la sumisión entre personas (Gn. 27:40; Lv. 26:13; Dt. 28:48; Jer. 27:1–7; Gal. 5:1; 1 Tim. 6:1).

En el judaísmo, el yugo era un símbolo de la ley del AT. La interpretación típica farisaica de la ley estaba llena de requisitos onerosos creados por humanos (Mt. 23:4). Pero estar "en yugo" con Jesús, mantenerse a Su ritmo y moverse en Su dirección, no es el camino pesado de sumisión a los requisitos humanos, sino el camino sosegado del amor y la fe en Él (1 Jn. 5:1–5).

Y aquí viene lo bueno: que Él se deleita en nosotros cuando lo hacemos.

"Me sacó a lugar espacioso; me libró, porque se agradó de mí".
Salmos 18:19

"Se complace JEHOVÁ en los que le temen,
y en los que esperan en su misericordia".
Salmos 147:11

"Porque el SEÑOR se complace en su pueblo; a
los humildes concede el honor de la victoria. Que se alegren los
fieles por su gloria; que aun en sus camas griten de júbilo".
Salmos 149:4–5 (NVI)

"JEHOVÁ está en medio de ti, poderoso, él salvará; se gozará sobre
ti con alegría, callará de amor, se regocijará sobre ti con cánticos".
Sofonías 3:17

Dios se deleita en Su creación, ¡y se deleita en tu compañía, porque Él te creó! Él se deleita en que aceptes Su perdón y Su gracia. Él se deleita en tu adoración y en tu sumisión ante Su santidad. Él se deleita en la fe y esperanza que pones en Él. Él se deleita en tu participación en la obra de Su reino.

Él se deleita en ti, aunque ese no es el mensaje que la religión suele destacar. Pero, ah, cuántas cargas menos tendríamos si nos deleitáramos en Él también (además de que nuestra herencia celestial aumentaría).

Tu turno

5. ¿Qué cargas estás llevando que Jesús quiere llevar?

6. Vuelve a leer Mateo 11:28–30, y escribe las palabras que describen a Jesús y a Su "yugo".

7. Cierra los ojos y abre las manos al cielo, y di: "Jesús, yo te entrego _____." (Por ejemplo: *"Jesús, yo te entrego las cuentas que no sé cómo pagar".* O *"Jesús, yo te entrego a mi amigo… mi hijo… mi pareja…".* O *"Jesús, yo te entrego mi corazón roto".* O *"Jesús, yo te entrego las cargas que no puedo soportar"*).

Tiempo para deleitarse

"Deléitate asimismo en JEHOVÁ, y él te
concederá las peticiones de tu corazón".

Salmos 37:4

Recuerda, *creer* es una palabra que indica acción; se manifiesta en nuestro comportamiento.

Creemos en Jesús, así que somos amorosos, incluso cuando los demás no lo son. Creemos, así que acumulamos tesoros en el cielo siendo generosos en la tierra. Creemos, así que pasamos

---

Para nerds bíblicos (como nosotros) que quieren saber

La idea de regocijarse en el momento adecuado por lo que Dios ha provisto trae a memoria el dicho poético del AT en Eclesiastés 3:1–8. Ahí, el autor (a veces llamado "el Predicador") escribe sobre un tiempo para cada cosa, incluyendo un "tiempo de llorar, y tiempo de reír; tiempo de endechar, y tiempo de bailar…" (v.4; de aquí la letra de la canción "Turn! Turn! Turn!" de The Byrds).

El Predicador del AT pensó en deleitarse en las cosas que Dios provee a su tiempo. "Todo tiene su tiempo, y todo lo que se quiere debajo del cielo tiene su hora. Tiempo de nacer, y tiempo de morir; tiempo de plantar, y tiempo de arrancar lo plantado; tiempo de matar, y tiempo de curar; tiempo de destruir, y tiempo de edificar; tiempo de llorar, y tiempo de reír; tiempo de endechar, y tiempo de bailar" (Ec. 3:1–4). Ahora Jesús, el Predicador del NT, nos invita a poner en práctica las prioridades de Dios y deleitarnos. "Entonces vinieron a él los discípulos de Juan, diciendo: ¿Por qué nosotros y los fariseos ayunamos muchas veces, y tus discípulos no ayunan? Jesús les dijo: ¿Acaso pueden los que están de bodas tener luto entre tanto que el esposo está con ellos? Pero vendrán días cuando el esposo les será quitado, y entonces ayunarán" (Mt. 9:14–15).

el tiempo construyendo el reino de Dios e invitando a otros a venir y ver. Creemos, así que intercambiamos las luchas y pruebas por el descanso que tanto necesitamos.

Creemos, así que nos deleitamos en Aquel que se deleita en nosotros.

Como abordamos en la lección anterior, si bien nuestras acciones no nos pueden ganar un lugar en el cielo, obedecer a Jesús ciertamente nos beneficia en la tierra. Después de todo, experimentar el deleite de Dios en un mundo oscuro y desordenado es un gran beneficio. Cuando nos deleitamos en el Señor —cuando le hablamos, leemos Su Palabra, lo adoramos y le hablamos a otros de Él—, no solo se alivian nuestras cargas, sino que se satisfacen los deseos de nuestro corazón. Porque, de acuerdo con el plan divino, una relación con el Señor es el deseo más profundo del corazón humano.

La religión es pesada e imposible de cumplir. Una relación con Jesús, por el contrario, es ligera porque 1) Él lleva nuestras cargas, 2) Él transforma nuestros corazones para que sean más como el Suyo, y 3) Él se deleita en nosotros, así como nosotros en Él.

Tu turno

8. Haz que Dios se deleite ahora mismo. Cierra tus ojos y abre tus manos hacia el cielo, y di: *"Jesús, Tú eres _____."* (*"Jesús, Tú eres bondadoso. Jesús, Tú eres misericordioso. Jesús, Tú eres Señor. Jesús, Tú eres todopoderoso y perfecto en todo sentido"*).

Enfoque de la oración

Jesús, Tú eres bondadoso. Jesús, Tú eres misericordioso. Jesús, Tú eres Señor. Jesús, Tú eres todopoderoso y perfecto en todo sentido. (¿Ves lo que hicimos ahí?).

EXT. MAR DE GALILEA
(Verónica, la mujer que-ya-no-tiene-flujo-de-sangre-porque-Jesús-la-sanó, flota sobre su espalda en el agua resplandeciente).

JESÚS: ¡Hola!

(*Verónica se levanta sorprendida cuando la llaman. Después de un momento reconoce a Jesús y a Sus discípulos que entran al agua*).

VERÓNICA: ¡Oh, no! ¿Te he hecho impuro? ¿Te envió el sacerdote?

JESÚS: Él cree que sí. Solo queríamos venir a nadar.

SIMÓN: Se lo creyó.

MARÍA MAGDALENA: Te estábamos buscando.

JESÚS: Para saber cómo estabas.

VERÓNICA: Gracias. Yo… sé que te importuné.

JESÚS: Ah, fue una molestia bienvenida. Mis favoritas.

(*Jesús ve a Simón, Juan y Santiago el Mayor. Santiago empuja a Juan al agua. Todos se están riendo. Simón se une al desorden. Juan se levanta y se defiende*).

JESÚS (*a Verónica*): Ahora, si me disculpas, no me perderé esto.

(*Jesús se vuelve y corre hacia los demás. Tadeo, Felipe y otros ya entraron completamente. Las mujeres se acercan a Verónica*).

TAMAR: ¡Doce años! ¿Cómo sobreviviste?

VERÓNICA: Es una larga historia.

MARÍA MAGDALENA: Las buenas historias suelen serlo.

(*El grupo de discípulos y Jesús juegan juntos. Muchos nadan, pero Jesús y Santiago el Mayor tienen a Tadeo y a Felipe sobre los hombros para jugar midiendo fuerzas. Hay muchas risas y mucho movimiento. La toma se aleja del grupo lentamente. CORTE A NEGRO*).

Propuesta de oración

Señor Jesús:

Eres un Salvador tan asombroso, desinteresado, amoroso, misericordioso, bondadoso, generoso, paciente, perfecto y poderoso. Eres digno de alabanza por quien Eres. ¡Y me has dado tantas cosas buenas! La salvación del pecado y la esperanza de la eternidad contigo son mayores de lo que logro entender, pero aun aquí, entre mis luchas, reconozco que tengo tantas, tantas alegrías. Mi hogar, ropa y comida, mi historia y habilidades, mi trabajo y pasatiempos, mi familia, amigos, vecinos y compañeros. Y, claro, Tu Espíritu en mí. Eres digno de adoración y de agradecimiento por todo esto. Son regalos Tuyos. Gracias. Amén.

"Pedid, y se os dará; buscad, y hallaréis; llamad, y se os abrirá. Porque todo aquel que pide, recibe; y el que busca, halla; y al que llama, se le abrirá".

Mateo 7:7-8

Lección 6

PIDE Y PREGUNTA
porque Jesús te lo ordena

EXT. CIUDAD DE TIENDAS

(Jesús está sanando a la multitud cuando observa un hombre mudo con un pizarrón colgado del cuello. Escribe desesperadamente en hebreo e intenta comunicarse con Jesús. Jesús le dice):

JESÚS: Lo sé. *(Después de un momento).* Natanael, dame tu cuchillo.

(Natanael se lo entrega. Jesús corta la cuerda que rodea el cuello del hombre, y tira el pizarrón al suelo. Antes de que el hombre pueda reaccionar, Jesús pone Sus manos sobre su cuello. Después de soltarlo, el ex-mudo mueve la lengua, la estira y abre la boca. Simón y los chicos se acercan lo suficiente para escucharlo).

EX-MUDO: Yo… nunca he dicho nada con mi propia voz.

JESÚS: ¿Dónde deseas comenzar?

EX-MUDO *(sosteniendo la túnica de Jesús)*: Bendito seas, Señor nuestro Dios, ¡Rey del universo!

JESÚS *(acercando al hombre)*: Dejemos esos grandes títulos para otro dia.

SIMÓN: Maestro.

JESÚS *(volteándose hacia Simón)*: Ah, sí, ¿a quién tenemos aquí?

JUAN: Estos son dos de los discípulos de tu primo, Avner y Nadab.

AVNER: Jesús de Nazaret.

JESÚS *(volviendo al ex-mudo)*: A ese nombre respondo fácilmente, aunque no regresaré a Nazaret en esta vida.

SIMÓN: El Bautista tiene una pregunta urgente para Ti.

JESÚS: Los reconozco del día en que Juan me presentó con Andrés.

NADAB: "He aquí el Cordero de Dios que quita el pecado del mundo".

JESÚS: Sí, buena memoria. Mi primo se suele emocionar. Entonces, ¿qué quiere saber Juan?

AVNER: Simón nos trajo con urgencia. Si no es buen momento, podemos hablar luego.

JESÚS: ¿Simón?

SIMÓN: En realidad creo que ahora es el momento perfecto.

JESÚS (*observando la multitud*): ¿Quién aquí ha conocido a Juan el Bautista de alguna manera? (*Varios asienten, alzan la mano o dicen "yo"*). Sé que muchos rechazaron a Juan, pero muchos confiaron en su mensaje. Él tuvo un profundo impacto en muchos en esta región, y ellos dos son sus discípulos, así que recíbanlos bien.

(*Suenan algunos aplausos y ánimos. Avner y Nadab se ven más nerviosos. Simón parece complacido con la creciente tensión*).

JESÚS (CONT.): Quizás también sepan que Juan está actualmente encarcelado por Herodes en Maqueronte. Creo que sería constructivo para nosotros oír qué hay en su mente en medio de tal desafío.

AVNER (*vacilante*): Es una pregunta difícil. Quizá sea mejor en privado.

JESÚS (*en voz baja, a Avner*): Está bien. Esto es bueno.

AVNER: Nos envió a preguntarte si Tú eres realmente el que ha de venir… (*En voz aún más baja*). ¿O si debemos esperar a otro?

JESÚS: ¿Di esa última parte otra vez?

NADAB: ¿Deberíamos esperar a alguien más?

JESÚS: Para aquellos que no alcanzan a escuchar, Juan el Bautista, mi primo, quien ha preparado el camino para mí, se pregunta ahora si soy el Mesías o si tal vez deberíamos seguir esperando. *(A los discípulos de Juan)*. Juan se está impacientando, ¿verdad? Es una de sus peculiaridades.

AVNER: Lleva mucho tiempo en prisión.

NADAB: Llegó a nuestros oídos lo que había pasado en Nazaret. Dijiste que el Espíritu del Señor habita en Ti para reclamar la libertad de los oprimidos.

AVNER: Si vienes a liberar a los cautivos, ¿por qué él sigue preso? Tiene derecho a preguntar por qué dejas que su ministerio siga detenido por un rey impostor.

JESÚS: Proclamar la libertad de los cautivos implica más que liberar presos. Hay muchos tipos de cautiverio en nuestro pueblo.

NADAB: ¿Eso es lo que debemos decirle?

JESÚS: No, eso es solo para ustedes.

AVNER: Oímos que nuestros antiguos compañeros, Andrés y Felipe, fueron a la Decápolis. ¿Es allí donde planeas iniciar la revolución para derrocar a Roma?

JESÚS: Ya tengo algo en mente para la Decápolis, y será revolucionario, pero probablemente no de la forma que están pensando.

NADAB *(impacientándose)*: ¿Qué se supone que debemos decirle?

JESÚS: Díganle a Juan lo que vieron y oyeron: los ciegos reciben su vista, los cojos caminan, los leprosos quedan limpios, los mudos hablan, y a los pobres se les anuncia la buena nueva.

Expectativas

Cuando Jesús entró en escena en el contexto tumultuoso del mundo mediterráneo del primer siglo, Él no era precisamente lo que la gente buscaba. Muchos de los israelitas esperaban que su Mesías prometido fuera un libertador de los judíos grande y fuerte, Aquel que la nación de Israel creía que los rescataría de la ocupación romana y los restablecería en su tierra natal.

Pero, como abordamos en la lección 3, Jesús no solo fue sencillo, pobre, ignorado y despreciado; a menudo también fue incomprendido. Incluso Sus seguidores no lo entendieron del todo, porque algunas de las cosas que Él decía parecían confusas y poco claras. Además, se comportaba de maneras sorprendentes y actuaba diferente a cualquier otro maestro o líder judío anterior a Él.

"Principio del evangelio de Jesucristo, Hijo de Dios. Como está escrito en Isaías el profeta: He aquí yo envío mi mensajero delante de tu faz, el cual preparará tu camino delante de ti. Voz del que clama en el desierto: preparad el camino del Señor; enderezad sus sendas. Bautizaba Juan en el desierto, y predicaba el bautismo de arrepentimiento para perdón de pecados. Y salían a él toda la provincia de Judea, y todos los de Jerusalén; y eran bautizados por él en el río Jordán, confesando sus pecados".

Marcos 1:1–5

En pocas palabras: Jesús no encajaba en las nociones preconcebidas, lo que hizo dudar en sus mentes a Sus discípulos, incluyendo a Juan el Bautista, el devoto "Preparador del Camino".

Juan ya había identificado a Jesús como "el Cordero de Dios, que quita el pecado del mundo" (Jn. 1:29), y había animado al pueblo a seguir a Jesús en lugar de a sí mismo (Jn. 3:30). Pero ahora este predicador radical del desierto estaba atrapado en una celda, cosa que no había planeado para sí ni para el movimiento que comenzó, especialmente si el Mesías había llegado.

De repente, ese *si* se volvió muy relevante.

Tu turno

1. ¿Qué expectativas tienes de Jesús y de cómo debería ser seguirlo a Él?

Incluso el Bautista

"Y al oír Juan, en la cárcel, los hechos de Cristo, le
envió dos de sus discípulos, para preguntarle: ¿Eres tú
aquel que había de venir, o esperaremos a otro?".

Mateo 11:2–3

Juan el Bautista había estado anunciando al Mesías venidero; ese era el propósito que Dios le dio a su vida milagrosamente concebida (Lc. 1:5–13). Predicó sin reservas, compartiendo el mensaje de "arrepiéntanse y prepárense" a pesar de todo el rechazo social y religioso que sufriría por ello. Se dedicó por completo: vivió de la tierra (comía insectos), se vistió de ella (cabello de camello) y predicó a cualquiera que escuchara. Y entonces bautizó a Jesús y presenció que *"los cielos le fueron abiertos, y vio al Espíritu de Dios que descendía como paloma, y venía sobre [Jesús]. Y hubo una voz de los cielos, que decía: Este es mi Hijo amado, en quien tengo complacencia"* (Mt. 3:16–17).

Y por si fuera poco, luego hubo milagros. Jesús acumulaba seguidores y se movía de pueblo en pueblo, predicando, sanando y asombrando a las multitudes. Mientras tanto, Juan cumplía su propia misión: decirle a la gente que se arrepintiera y dirigirlos hacia Jesús. Incluso mientras las multitudes alrededor de Juan disminuían, él era ferviente en su fe e inamovible en sus convicciones. "Yo no soy el Cristo, sino que soy enviado delante de él. [...] así pues, este mi gozo está cumplido. Es necesario que [Jesús] crezca, pero que yo mengüe" (Jn. 3:28–30).

Juan estaba lleno de fe.

Lo estuvo, hasta que llegó a la cárcel.

Ahí, Juan descubrió cuán desconcertantes pueden ser las expectativas insatisfechas. Porque a pesar de todas las cosas milagrosas que había presenciado y de ser él mismo el cumplimiento real de una profecía del Antiguo Testamento (Is. 40:3), Juan no fue inmune al temor ni a la frustración. Todo lo contrario; experimentó circunstancias confusas, desalentadoras, incluso aterradoras, y vaciló. En aquel momento, en la cárcel, quizás se sintió abandonado por Aquel a quien había dedicado toda su vida. Hasta donde sabemos, pareciera que Jesús ni siquiera visitó a Su fiel primo y siervo en la cárcel.

Y Juan se cuestionó todo.

Tu turno

2. Resalta Juan 3:28–30 en tu Biblia, y explica en el espacio a continuación qué piensas que significan esos versículos.

3. "Porque todo aquel que pide, recibe; y el que busca, halla; y al que llama, se le abrirá". A la luz de Mateo 7:8, explica por qué la pregunta de Juan para Jesús fue genial y fue la manera más correcta de lidiar con sus dudas en la cárcel.

4. ¿Qué dudas pesadas tienes en este momento? ¿Qué temores o confusiones tienes que llevar a Jesús?

Preguntado y respondido

"Respondiendo Jesús, les dijo: Id, y haced saber a Juan las cosas que oís y veis. Los ciegos ven, los cojos andan, los leprosos son limpiados, los sordos oyen, los muertos son resucitados, y a los pobres es anunciado el evangelio; y bienaventurado es el que no halle tropiezo en mí".

Mateo 11:4–6

Jesús no se molestó con Juan. No se turbó por el hecho de que Juan estuviera confundido. Todo lo opuesto. Respondió la pregunta de Juan en dos partes: 1) recuerda lo que sabes de Mí, y 2) esfuérzate por confiar en Mí. En otras palabras, "no dejes que este momento te descarrile, Mi buen y fiel siervo. YO SOY quien digo que SOY, incluso cuando no se cumplen tus expectativas". Y entonces Jesús se volvió a la multitud y honró la fe de Juan públicamente, diciendo: "Les aseguro que entre los mortales no se ha levantado nadie más grande que Juan el Bautista; [...]" (Mt. 11:11 NVI).

Jesús sabe qué tan difíciles pueden ser las expectativas insatisfechas. ¡Por eso nos anima a preguntarle! Él quiere que le llevemos nuestras dudas, confusiones y temores, y todas las preguntas que impliquen: "¿Quién de ustedes, si su hijo pide pan, le da una piedra? ¿O si pide un pescado, le da una serpiente? Pues si ustedes, aun siendo malos, saben dar cosas buenas a sus hijos, ¡cuánto más su Padre que está en los cielos dará cosas buenas a los que le pidan!" (Mt. 7:9–11 NVI).

Para nerds bíblicos (como nosotros) que quieren saber

Después de que Jesús dijera a la multitud "no se ha levantado nadie más grande que Juan el Bautista", agregó: "pero el más pequeño en el reino de Dios es mayor que él" (Lc. 7:28).

¿A quién se refería?

Bueno, a nosotros.

La clave para entender este versículo radica simplemente en reconocer en dónde estamos en la historia. Juan el Bautista fue el último de los profetas al estilo del Antiguo Testamento cuya fe miraba hacia el futuro, al Mesías venidero. A él le tocó conocer a Jesús e interactuar con Él, pero Juan murió antes de la muerte y resurrección de Jesús.

Los que hemos venido después de Juan tenemos el gran privilegio de tener una fe que puede mirar hacia atrás, a la obra victoriosa de Jesús y la inauguración del reino de Dios a través de la resurrección. Y ahora podemos compartir el Evangelio con un entendimiento incluso más completo que el de Juan el Bautista.

Para nerds bíblicos (como nosotros) que quieren saber

Jesús compara la forma en que Dios da con la forma en que los buenos padres dan a sus hijos. No dan piedras o serpientes en lugar de comida; los buenos padres proveen para sus hijos. Los buenos padres responden a las necesidades de sus hijos con amor, acción, sabiduría y gracia.

También cabe mencionar que los buenos padres no dan serpientes incluso cuando los hijos las pidan (y a veces las piden). Al igual que los niños, a menudo queremos cosas que no nos convienen. Le toca a los padres amorosos y comprometidos decir "no" o "aún no" tan a menudo como dicen "sí" (porque todos hemos visto esas publicaciones en redes, noticias y programas de televisión que muestran las consecuencias de cuando los padres dicen "sí" demasiadas veces).

Por ello es correcto suponer que nuestro perfecto Padre celestial no nos dirá, ni nos debería decir, que "sí" a todo lo que le pidamos.

Claro, eso no significa que Dios siempre responde como nosotros (con nuestro poco entendimiento) queremos que lo haga. Ciertamente nuestras dudas o desilusiones no lo limitan, como si tuviera que probarse a Sí Mismo; los milagros (incluyendo la muerte y resurrección de Jesús) ya hicieron eso. Así que nuestras peticiones no determinan las respuestas de Dios. Como mencionamos, Jesús no visitó a Juan en la cárcel; tampoco lo sacó, y luego Juan fue ejecutado (Mt. 14:1–12; Mc. 6:14–29).

Pero aquí está lo hermoso: el momento en que perdió la vida, el Bautista se encontró en el cielo, donde su fe se hizo visible y escuchó las palabras "Bien, buen siervo y fiel".

Y todas las expectativas terrenales fueron superadas por mucho.

Tu turno

5. Lee Jeremías 29:11; Proverbios 3:5–6, y Hebreos 12:11. ¿Cómo pueden estos versículos impactar cualquier confusión o temor que sientas mientras esperas la respuesta de Dios?

6. Si bien es cierto que Dios no siempre responde como quisiéramos, ¿qué nos dice Santiago 1:5 que siempre recibiremos cuando lo pidamos?

7. Vuelve a leer Mateo 7:7–11. En lugar de
pensar en lo que tú quieres, ¿qué nos revelan
estos versículos sobre el carácter de Dios, así
como Su corazón hacia ti?

"Pedid, y se os dará; buscad, y hallaréis;
llamad, y se os abrirá. Porque todo aquel
que pide, recibe; y el que busca, halla; y al
que llama, se le abrirá. ¿Qué hombre hay de
vosotros, que si su hijo le pide pan, le dará
una piedra? ¿O si le pide un pescado, le dará
una serpiente? Pues si vosotros, siendo malos,
sabéis dar buenas dádivas a vuestros hijos,
¿cuánto más vuestro Padre que está en los
cielos dará buenas cosas a los que le pidan?".
Mateo 7:7–11

Lo más profundo

"Y esta es la confianza que tenemos en él, que si
pedimos alguna cosa conforme a su voluntad,
él nos oye. Y si sabemos que él nos oye en
cualquier cosa que pidamos, sabemos que tenemos
las peticiones que le hayamos hecho".
1 Juan 5:14–15

Importa mucho el contexto de las Escrituras; por eso la mayoría de nosotros no vive en mansiones. 1 Juan nos da un poco de contexto y un ingrediente clave para pedir:

Pide de acuerdo a la voluntad de Dios.

En otras palabras, Dios no está sujeto a nuestros caprichos. No es un genio en una lámpara, esperando con paciencia para conceder nuestros deseos. Todo lo contrario. Él es el Alfa y el Omega, el Creador y el Controlador, el Redentor y el Restaurador. Él es el Rey del Universo, quien todo lo puede, todo lo sabe y todo lo ve. Su entendimiento sobrepasa toda medida (Sal. 147:5). Sus pensamientos no son nuestros pensamientos, ni Sus caminos son nuestros caminos (Is. 55:6–9), pero Sus planes *sí son* para bien (Je 29:11–13) y para Su gloria (Ro. 8:28).

Alfa y Omega:
el principio y el final; la primera y la
última letra del alfabeto griego, usadas
para designar la amplitud de Dios.

Y tenemos acceso a Él.

Y nos pide que le llevemos nuestras necesidades.

Así, igual que el Bautista, llevamos lo más profundo de nuestros corazones y vidas al Señor (incluyendo nuestras confusiones, dudas y temores), porque Él lo sabe todo y lo puede todo, y porque podemos confiar en Él para manejar nuestras peticiones con cuidado, bondad, paciencia y verdad. En Su perfecta sabiduría y abundante amor, Él hará todo lo que le pidamos que concuerde con Su perfecta voluntad.

Tu turno

8. Haz una lista de los atributos de Dios que correspondan a tus circunstancias, y pídele que aporte Sus recursos para soportar lo que sea que estés pasando. (Por ejemplo, ¿tienes miedo? Dios es poderoso, omnisciente, y siempre está disponible. ¿Te sientes confundido? Dios es sabio, soberano y fiel. ¿Te sientes desanimado? Dios es omnibenevolente, omnipresente e insuperable).

Enfoque de la oración

Agradece a Dios por invitarte a llevar tus peticiones ante Él. Alábalo por prometer responderte cuando lo haces. Pídele a tu Padre celestial que haga crecer tu fe, para que puedas acercarte a Él primero y aceptar Sus respuestas.

Propuesta de oración

Amado Señor:

Gracias porque no le temes a mis preguntas, temores y dudas. Perdóname por las veces cuando he querido apoyarme en mi propia sabiduría, valentía y seguridad cuando debí haberme vuelto hacia Ti. Gracias porque me has invitado a llevar mis problemas y preguntas ante Ti, y gracias por Tu respuesta alentadora a Juan el Bautista. Por favor, ayúdame a buscar en las Escrituras las respuestas que ya nos diste, y ayúdame a confiar en Ti para las respuestas que aún espero. Por favor, concédeme la fe paciente que necesito para aceptar lo que digas como bueno, confiable y verdadero. Amén.

EXT. CALLE LATERAL DE CAPERNAÚM - ATARDECER

(Simón, Santiago el Mayor, Juan y Jesús entran a una calle lateral vacía).

SIMÓN: Nunca puedo decidir qué es más divertido, verte hacer milagros o ver las reacciones.

JUAN: Los milagros son mucho mejores cuando los fariseos están cerca. *(Santiago el Mayor llama la atención e indica que todos se detengan).*

SANTIAGO EL MAYOR: Bien, necesitamos llevarte a un nuevo lugar. ¿Hay algún campamento al que debamos llevarte, o quieres quedarte en casa de Simón otra vez? Probablemente será mejor llevarte a un nuevo lugar, ¿quizás con Andrés? Creo que sería… mejor…

(Todos se percatan de Barnaby y Shula, y los voltean a ver mientras salen de un callejón. Se les acercan lentamente. Shula sigue a Barnaby con la mano en su hombro. Todos se les quedan mirando. Barnaby inhala profundo y, mirando a Jesús, indica a Shula con un gesto de la mano. Jesús asiente con la cabeza).

SHULA *(a Barnaby)*: ¿Quién es? ¿Por qué nos detuvimos?

BARNABY: Es Él.

SHULA *(apenada)*: Barnaby, no necesitamos molestarlo.

JESÚS: Está bien, Shula. Te agradezco que hayas traído a Barnaby para sanar su pierna.

BARNABY: No, yo la traje a ella. Ella es… Ella es la que…

JESÚS: Lo sé, Barnaby.

BARNABY *(riéndose)*: Oh, jaja. Por supuesto. *(Señala a Shula).* Por favor… Ella no lo pedirá.

JESÚS: Shula, ¿tienes miedo de pedir que te sane?

SHULA *(bajando la cabeza)*: Sí.

JESÚS: ¿Tienes fe en que puedo sanarte?

SHULA: Por supuesto.

JESÚS: ¿Entonces por qué no lo has pedido?

SHULA: Tienes tanto que hacer, Rabino, tanta gente que te necesita más. Estoy acostumbrada a esto.

JESÚS: Shula, mírame.

SHULA *(riéndose)*: ¿Mirarte? Ni siquiera puedo ver.

JESÚS: Solo quiero ver tu rostro. *(Ella levanta el rostro).* Tú y Barnaby han sido tan amables y encantadores desde la primera vez que los vi, y tu fe ha sido tan fuerte, aunque no hayas visto ningún milagro.

SHULA *(conmovida)*: Has redimido a mi amiga. El milagro de María fue tan claro para mí que no necesité verlo.

JESÚS: Lo sé. Tú ves mejor que la mayoría en esta región. Pero, ya que tu amigo Barnaby no va a dejarme en paz…

(Jesús pone Su mano izquierda sobre los ojos de Shula, y Su mano derecha detrás de su cuello. Bernabé alza las cejas con emoción. Mientras Jesús mira hacia el cielo, presiona Su mano sobre los ojos de ella, y ella suspira. Él aparta las manos, y Shula cierra los ojos con fuerza. Ella se cubre los ojos y comienza a llorar. Barnaby se le acerca).

BERNABÉ: ¿Y bien? ¿Funcionó?

SHULA: Ha pasado tanto tiempo… Tengo miedo de mirar.

JESÚS *(bajando las manos)*: Ya es hora, Shula.

"Porque si amáis a los que os aman, ¿qué mérito tenéis? Porque también los pecadores aman a los que los aman. Y si hacéis bien a los que os hacen bien, ¿qué mérito tenéis? Porque también los pecadores hacen lo mismo. Y si prestáis a aquellos de quienes esperáis recibir, ¿qué mérito tenéis? Porque también los pecadores prestan a los pecadores, para recibir otro tanto. Amad, pues, a vuestros enemigos, y haced bien, y prestad, no esperando de ello nada; y será vuestro galardón grande, y seréis hijos del Altísimo; porque él es benigno para con los ingratos y malos. Sed, pues, misericordiosos, como también vuestro Padre es misericordioso".

Lucas 6:32-36

Lección 7

RECIBE
a quienes Jesús recibe

INT. VIVIENDA DE ANDRÉS - NOCHE

(Judas está empacando pequeñas bolsas con pan pita y dátiles; Andrés y Felipe entran por la puerta, desesperados).

JUDAS: ¡Eh, bienvenidos!

FELIPE: ¡Al menos ALGUIEN está feliz de vernos!

ANDRÉS *(por la confusión de Judas)*: Felipe no es él mismo ahora.

FELIPE: ¡Y con buena razón!

ANDRÉS *(viendo las bolsitas)*: ¿Qué son estos?

JUDAS: Estoy armando paquetes de comida para los indigentes. Santiago el Menor dijo que es una tradición de Purim.

ANDRÉS: ¡Purim! Me olvidé por completo.

FELIPE: ¡¿Por qué están hablando sobre celebraciones en este momento?!

JUDAS: ¿A qué te refieres? ¿Qué pasó en la Decápolis?

FELIPE: Lo que dijimos… armamos un revuelo.

ANDRÉS: NO armamos un revuelo intencionalmente. Predicamos las palabras de nuestro Rabino y a algunos… no les gustó. ¡¿Dónde está el vinagre?!

JUDAS: Ah, está en el estante inferior, a la derecha. Reorganicé las botellas. La forma en la que las organizabas antes era muy ineficiente.

FELIPE: La Decápolis está en crisis, ¿y tú estás aquí reorganizando armarios?

ANDRÉS: ¿Cómo podría saber él?

JUDAS: ¿Para qué necesitas vinagre?

ANDRÉS: Para desinfectar la herida.

FELIPE: Sí, ¿para que no se propague por mi cuerpo mortal y me mate?

ANDRÉS: ¡De hecho, sí! *(Andrés presiona una tela con vinagre sobre la herida, y Felipe gime del dolor).*

JUDAS: Eh… aún no me han dicho lo que hicieron en la Decápolis.

ANDRÉS: No es lo que hicimos.

FELIPE: Es lo que DIJIMOS.

JUDAS: ¿Para limar asperezas?

ANDRÉS: A veces la gente reacciona mejor a las historias que a las enseñanzas…

JUDAS: ¡Una parábola! ¡Oh, bien! ¿Cuál?

AMBOS: El banquete.

JUDAS: ¡Ah! Amo los banquetes.

FELIPE: Es mejor decirle de una vez lo que pasó.

JUDAS: Sí, me encantaría oírlo.

ANDRÉS: Gracias, Felipe. Bien, Judas… fueron las palabras de Jesús, así que son perfectas… no me malinterpretes.

JUDAS: De acuerdo. ¿Pero qué?

ANDRÉS: Pero creo que quizás Jesús la comparte cuando busca un desafío.

JUDAS: ¿Los desafiaron?

ANDRÉS *(muy rápido)*: Oh, sí.

FELIPE: Nos desafiaron, sí; diría que así fue.

ANDRÉS: Bueno, la parábola dice así: Había una vez un hombre rico que iba a hacer una gran fiesta.

FELIPE: Era un gran banquete al que quería que todos vinieran.

ANDRÉS: Así que envió a su siervo a decir a todos los invitados: "Todo está listo; ya es hora, vengan".

FELIPE: Pero los invitados comienzan a excusarse. El primero dijo: "Apenas compré un campo, debo ir a verlo. Discúlpame".

ANDRÉS: Y otro dijo: "Acabo de comprar cinco yuntas de bueyes, y debo examinarlas. Así que no puedo ir". Y otro dijo: "Acabo de casarme y por lo tanto no puedo ir".

JUDAS: Esas son razones muy legítimas.

ANDRÉS *(a Felipe)*: ¡Hasta nuestro pueblo nos cuestiona!

FELIPE: Alguien en la multitud dijo lo mismo.

ANDRÉS: Así que el siervo comunicó esto a su amo, y el dueño de la casa enfureció. Y le dijo a su siervo: "Ve a las calles de la ciudad e invita a los pobres, inválidos, ciegos y cojos".

FELIPE: Así lo hizo y vinieron, pero todavía había lugares en el banquete. Y le dijo: "Ve por los caminos y los vallados y obliga a la gente a venir para que se llene mi casa". *(Judas asiente, incómodo).*

JUDAS: ¿Esto se lo dijeron a una audiencia mixta?

ANDRÉS: No sabíamos qué tan diverso era el público.

JUDAS: Así que "salgan y traigan las sobras" no salió exactamente bien.

ANDRÉS: Bueno, ¡debio funcionar! ¡Dios quiere que todos vayan a la fiesta!

FELIPE: El amo dijo: "¡Quiero Mi casa LLENA!". ¡Todos están invitados!

JUDAS: Bien, a ver, díganme si entiendo bien. Los judíos entendieron que Jesús estaba invitando a los gentiles, y los gentiles entendieron que los llamaron de segunda clase. Y los conservadores, que viven de acuerdo a Jeremías, les oyeron decir que los invitados originales que no quisieron ir al banquete se quedarían afuera. Y los que estudian a Isaías —"¡He aquí, hago algo nuevo!"— tal vez se envalentonaron, pero había gentiles allí.

(Hay un silencio. Felipe y Andrés se miran, y luego vuelven a Judas).

ANDRÉS: Sí, así fue.

Alborotador

Jesús no realiza una prueba de fuego para ver a quién recibe. De hecho, Sus interacciones únicas y sin restricciones con otros fueron una fuente continua de conflicto durante los tres años de Su ministerio. Y es que los israelitas no eran para nada acogedores.

Por cierto, nosotros tampoco. Pero no nos adelantemos.

En el episodio 7 de la temporada 3, una vez más vemos cómo la gente alrededor de Jesús intenta entender quién es Él. ¿Es un predicador, un maestro o un sanador? ¿Es un agitador, un instigador político o un revolucionario rebelde? ¿Es un organizador comunitario, un filántropo o simplemente un buen tipo?

"Ya no hay judío ni griego; no hay esclavo ni libre; no hay varón ni mujer; porque todos vosotros sois uno en Cristo Jesús".
Gálatas 3:28

La gente del primer siglo quería categorizar a Jesús, y lo hemos estado haciendo desde entonces. Han circulado muchas respuestas a la cuestión de Su identidad, especialmente porque Jesús se asoció con todo tipo de personas: religiosos y no religiosos, ricos y pobres, jóvenes y viejos, hombres y mujeres, judíos y no judíos.

Él no rechaza a nadie.

Entonces, ¿quién es Jesús *realmente*? ¿Y qué nos revela Su comportamiento hacia los demás acerca de Su carácter? ¿Y qué enseña Su carácter a Sus seguidores acerca del de ellos?

De hecho, nos enseña mucho.

Tu turno

1. Vayamos al meollo del asunto. ¿A quién te cuesta aceptar?

La invitación

"Entonces Jesús le dijo: Un hombre hizo una gran cena, y convidó

a muchos. Y a la hora de la cena envió a su siervo a decir a los

convidados: Venid, que ya todo está preparado. Y todos a una

comenzaron a excusarse. El primero dijo: He comprado una

hacienda, y necesito ir a verla; te ruego que me excuses. Otro

dijo: He comprado cinco yuntas de bueyes, y voy a probarlos; te

ruego que me excuses. Y otro dijo: Acabo de casarme, y por tanto

no puedo ir. Vuelto el siervo, hizo saber estas cosas a su señor.

Entonces enojado el padre de familia, dijo a su siervo: Ve pronto

por las plazas y las calles de la ciudad, y trae acá a los pobres,

los mancos, los cojos y los ciegos. […] Ve por los caminos y por

los vallados, y fuérzalos a entrar, para que se llene mi casa".

Lucas 14:16–23

Esta parábola de Jesús en el Evangelio de Lucas (también en Mt. 22:1–14) molestó a algunos de Sus oyentes, por decir poco. De hecho, lo quisieron matar por insinuar que la salvación de Dios, Su "bienvenida", se extendía más allá de la nación de Israel: "Entonces se fueron los fariseos y consultaron cómo sorprenderle en alguna palabra" (Mt. 22:15). Sin embargo, el Maestro les devolvería la injuria por su insulto y les daría exactamente lo que querían al rechazar a Jesús: *Él* los rechazaría a *ellos*: "Porque os digo que ninguno de aquellos hombres que fueron convidados, gustará mi cena" (Lc. 14:24).

Todo el asunto era completamente contracultural para aquellos que esperaban que la salvación solo sería ofrecida a los judíos (un error común). Mucha gente confundió el mensaje del Antiguo Testamento de que la salvación llegaría mediante los judíos con la idea de que la salvación únicamente llegaría a los judíos.

"Si confesares con tu boca que Jesús es el Señor, y creyeres en tu corazón que Dios le levantó de los muertos, serás salvo. Porque con el corazón se cree para justicia, pero con la boca se confiesa para salvación. Pues la Escritura dice: Todo aquel que en él creyere, no será avergonzado. Porque no hay diferencia entre judío y griego, pues el mismo que es Señor de todos, es rico para con todos los que le invocan; porque todo aquel que invocare el nombre del Señor, será salvo".
Romanos 10:9–13

"Porque la gracia de Dios se ha manifestado para salvación a todos los hombres…".
Tito 2:11

"El Señor no retarda su promesa, según algunos la tienen por tardanza, sino que es paciente para con nosotros, no queriendo que ninguno perezca, sino que todos procedan al arrepentimiento".
2 Pedro 3:9

Condicional:
sujeto a uno o más requisitos; hecho u otorgado bajo ciertos términos.

Esa es una gran diferencia, obviamente. Pero resulta que la invitación de Dios es mucho más inclusiva que lo que la mayoría de la gente supone. ¡Ciertamente *todos* los que acepten la oferta del perdón y de la vida eterna en Jesús son bienvenidos, porque Dios está en el proceso de llenar su mesa celestial para el banquete! El único requisito para asistir es aceptar Su invitación gratuita.

Sin embargo, al igual que los israelitas, a menudo juzgamos a los demás y los consideramos indignos. Los miramos de reojo cuando se ven, actúan o hablan diferente a lo que estamos acostumbrados. Creamos denominaciones, y luego agregamos la doctrina de nuestra iglesia a los "criterios" para entrar al banquete de salvación. Clasificamos los pecados como si unos fueran peores que otros, cuando en realidad "todos pecaron, y están destituidos de la gloria de Dios" (Ro. 3:23).

Como resultado, nuestra bienvenida se vuelve condicional.

Y esto tiene que cambiar.

Tu turno

2. ¿De qué manera te has sentido aceptado por Jesús?

3. ¿De qué maneras te has sentido rechazado por los seguidores de Jesús?

4. Jesús cambia las vidas de las personas elegidas, y ellos buscan ser como Él. Según Mateo 5:43–48, ¿qué significa eso en cuanto a la forma de interactuar con quienes no creen en Él?

Recíbanlos, recíbanme

"Porque tuve hambre, y me disteis de comer; tuve sed, y me disteis de beber; fui forastero, y me recogisteis; estuve desnudo, y me cubristeis; enfermo, y me visitasteis; en la cárcel, y vinisteis a mí. Entonces los justos le responderán diciendo: Señor, ¿cuándo te vimos hambriento, y te sustentamos, o sediento, y te dimos de beber? ¿Y cuándo te vimos forastero, y te recogimos, o desnudo, y te cubrimos? ¿O cuándo

Para nerds bíblicos (como nosotros) que quieren saber

Hablando de banquetes, en este episodio el pueblo celebra el festival de Purim, un día apartado cada año para recordar la salvación de los judíos del complot de Amán para matar a todos los que vivían exiliados en Persia en el 356 a. C.

El libro de Ester relata cómo surgió el festival de Purim, y la "alegre festividad" celebra cómo el pueblo judío se libró por poco de ser aniquilado gracias a la valentía de Ester y de Mardoqueo.

Curiosamente, aunque Dios está presente en todo momento en el libro de Ester, es uno de los dos libros en la Biblia que no mencionan a Dios (el otro es el Cantar de Cantares).

te vimos enfermo, o en la cárcel, y vinimos a ti? Y respondiendo
el Rey, les dirá: De cierto os digo que en cuanto lo hicisteis a
uno de estos mis hermanos más pequeños, a mí lo hicisteis".

Mateo 25:35–40

Jesús quiere que Sus seguidores sean tolerantes con los demás. Más que eso, Él quiere
que seamos bondadosos, amables y pacientes. Él quiere que seamos amorosos, generosos y
atentos a las necesidades de los demás. Él quiere que nos preocupemos tanto como para
orar por aquellos que están luchando, para recibirlos e incluso para servirles.

Cuando hacemos esto, ¡Él lo cuenta para Sí!

"De cierto os digo [...] a mí lo hicisteis".

¿Qué más motivación necesitamos que servir a nuestro Maestro, Señor y Salvador? Aquel que nos amó cuando aún éramos pecadores (Ro. 5:8). Aquel que tomó nuestros pecados sobre Sí mismo (1 Pe. 2:24) para que pudiéramos estar con Él para siempre en el cielo, donde la celebración nunca acabará (Ap. 21:1–4). Aquel que no nos exigió nada más que la disposición de aceptar Su regalo gratuito de salvación (Ef. 2:8–9). Aquel que sigue siendo paciente con nosotros mientras nos ocupamos

> "Oísteis que fue dicho: Amarás a tu prójimo, y aborrecerás a tu enemigo. Pero yo os digo: Amad a vuestros enemigos, bendecid a los que os maldicen, haced bien a los que os aborrecen, y orad por los que os ultrajan y os persiguen; para que seáis hijos de vuestro Padre que está en los cielos, que hace salir su sol sobre malos y buenos, y que hace llover sobre justos e injustos. Porque si amáis a los que os aman, ¿qué recompensa tendréis? ¿No hacen también lo mismo los publicanos? Y si saludáis a vuestros hermanos solamente, ¿qué hacéis de más? ¿No hacen también así los gentiles? Sed, pues, vosotros perfectos, como vuestro Padre que está en los cielos es perfecto".
> Mateo 5:43–48

de esa salvación (Fil. 2:12–13), y que nos hace más como Él todos los días con fidelidad y
misericordia (2 Co. 3:16–18).

Recibimos a otros porque Él nos recibió. Y lo amamos por eso.

"Amados, amémonos unos a otros; porque el amor es de Dios. Todo aquel que ama,
es nacido de Dios, y conoce a Dios. [...] Nosotros le amamos a él, porque él nos amó
primero" (1 Jn. 4:7–19).

Tu turno

5. "Pero yo os digo: Amad a vuestros enemigos, bendecid a los que os maldicen, haced bien a los que os aborrecen, y orad por los que os ultrajan y os persiguen; para que seáis hijos [e hijas] de vuestro Padre que está en los cielos…". Explica por qué amar *incluso a tus enemigos* te hace un hijo o hija de Dios.

6. Cuando Jesús habla de "uno de estos mis hermanos más pequeños" (Mt. 25:35–40), ¿qué cambio invita a que Sus seguidores hagan en su modo de ver las interacciones con otros?

En la época del NT, el término griego plural para "hermanos" (*adelphoi*) se usaba comúnmente para incluir a hombres y a mujeres en una metáfora familiar, dando a entender "hermanos y hermanas".

7. Escribe el nombre de alguien que Dios está poniendo en tu corazón para que recibas hoy.

Advertencia

"Si el mundo os aborrece, sabed que a mí me ha aborrecido
antes que a vosotros. Si fuerais del mundo, el mundo
amaría lo suyo; pero porque no sois del mundo, antes yo
os elegí del mundo, por eso el mundo os aborrece".

Juan 15:18–19

La manera en que damos la bienvenida a otros, cómo los tratamos y cómo les respondemos, debería ser independiente de sus actitudes y acciones hacia nosotros. Desafortunadamente, Jesús nos prometió que seríamos odiados como Él lo fue.

Odio es una palabra fuerte. ¡Pero gracias a Dios que no nos pide recibir a otros por nuestras propias fuerzas! Cuando rendimos nuestras vidas al Señor, 1) el Espíritu Santo mora en nuestros corazones y nos capacita para tratar a los demás como Dios lo hace —con paciencia, misericordia y gracia—, y 2) Él obra en y a través de nosotros para atraer más personas a Sí, es decir, Él nos usa para construir Su reino celestial y por Su gracia nos hace una parte fundamental de Su gran plan para redimir y restaurar la creación.

> Cuando luchas por recibir a alguien, el primer paso es orar: "Amen a sus enemigos y oren por quienes los persiguen…" (Mt. 5:44 NVI).

Y todo comienza con nuestra bienvenida.

Tu turno

8. Terminemos por donde comenzamos: ¿quién es Jesús *realmente*? ¿Y qué nos revela Su comportamiento hacia los demás acerca de Su carácter? ¿Y qué les enseña Su carácter a Sus seguidores acerca del de ellos?

Enfoque de la oración

Alaba a Dios por darte la bienvenida tal cual eres. Agradécele por perdonarte y restaurarte, por nunca dejarte o abandonarte y por fielmente hacerte más como Jesús. Pídele que desborde Su amor sobre las personas a tu alrededor que más lo necesitan. Ora por fuerza, valentía y humildad para recibir a otros como lo hace tu Salvador.

Propuesta de oración

Amado Maestro en los cielos:

Gracias por mi salvación solo por fe en Jesús. Gracias por darme la bienvenida a Tu reino, a Tu familia y a Tu banquete en la eternidad (Ap. 19:1–10). Perdóname cuando caigo en el orgullo y trato a otros como si yo fuera mejor que ellos. Gracias porque Tu presencia siempre es parte de mi vida, incluso ahora mismo por Tu Espíritu (Ro. 8:9-11). Y por Tu Espíritu, por favor, levanta dentro de mí un amor como el de Cristo para recibir a otros y responder con amor a las necesidades de los demás, y la fuerza para amar a mis enemigos, para que también vengan a la fe en Ti. Amén.

INT. VIVIENDA DE ANDRÉS

(Los discípulos están reunidos en la pequeña vivienda de Andrés. Se pasan vasos de agua y platos con pan. Acaban de informar a Jesús sobre el revuelo en la Decápolis).

JESÚS: ¿Y cuál fue su estrategia para tenerlo claro?

FELIPE: Pues, nosotros les dijimos… *(Felipe y Andrés se miran nerviosos).*

ANDRÉS: Tratamos de decir una de Tus parábolas.

JESÚS: Parábolas, ¡bien! Eso es lo que Yo hubiera hecho. *(Andrés asiente).*

TOMÁS: ¿Cuál parábola?

FELIPE: El banquete.

ANDRÉS: Ya sabes, esa en la que los invitados dan excusas para no ir, entonces todos los demás son invitados.

JUAN: ¿¡Eligieron EL BANQUETE??

NATANAEL: ¡La gente se molesta con esa!

JESÚS: Por supuesto que sí.

ANDRÉS: Bueno, si les hace sentir mejor, primero consideramos "El trigo y la cizaña", pero cambiamos de opinión.

JESÚS: Les había dicho que muchos no entienden esa parábola.

TOMÁS: Ni siquiera yo creo entender "El trigo y la cizaña".

JESÚS: Dale tiempo.

FELIPE: El problema es que ellos sí la entendieron, y causó peleas en las calles.

ANDRÉS: Revueltas. Entre judíos y gentiles.

FELIPE: Leandro dice que está empeorando cada día. El ilustre sacerdote helenista ahora cree, y eso es bueno, pero cuando abdicó a sus funciones como sacerdote y líder, otros intentaron llenar el vacío, por ende hay proyectos sin terminar, y la gente está furiosa, inculpando a los demás de lo que sucedió.

ANDRÉS: Eso llevó a saqueos, peleas en las calles, y muchas personas están dejando sus casas para escapar de la violencia.

SANTIAGO EL MAYOR: ¿Ese es el ambiente al que sugieres que vayamos?

JESÚS *(se acomoda en Su asiento)*: ¿Qué parte de la parábola causó que estallara la pelea?

FELIPE *(intercambia una mirada nerviosa con Andrés)*: Las personas afuera de la ciudad; los que estaban en los caminos y los vallados, los últimos en ser invitados y los últimos en aceptar la invitación.

JESÚS *(suspirando)*: Sospeché que así sería.

JUAN: Por cierto, lo de caminos y vallados, ¿eso realmente se refiere a los gentiles?

JESÚS: El que tenga oídos para oír, que oiga. *(Se espera un momento)*. Nos vamos en la mañana. Todos, vayan a casa, reúnan sus cosas. Saldremos a "los caminos y vallados" antes del amanecer.

"Jesús les dijo: [...] de cierto os digo, que si tuviereis fe como un grano de mostaza, diréis a este monte: Pásate de aquí allá, y se pasará; y nada os será imposible".

Mateo 17:20

Lección 8

CONFÍA EN JESÚS
todo el tiempo

EXT. CAMPO DE LA DECÁPOLIS

FELIPE: Rabino, no hemos venido aquí a causar problemas.

JESÚS: Pero parece que los problemas nos han encontrado.

SANTIAGO EL MAYOR: Entonces hay que hacer algo.

JESÚS: ¿Y cómo propones hacer eso, Santiago el Mayor? Amigos Míos, siéntense conmigo. No podemos avanzar hasta que no estemos de acuerdo en algo.

(Después de unos momentos de incertidumbre, Santiago el Mayor, Juan y Felipe se sientan. La multitud de gentiles susurra y murmura).

JESÚS (CONT.) *(a los gentiles)*: Soy un Rabino, y como estos hermanos judíos les pueden decir, nos gusta enseñar haciendo preguntas, y nos gusta resolver los problemas hablando. Y si comenzamos con un desacuerdo, aún mejor. Así que, siéntanse libres de escuchar, y si quieren discutir un poco, está bien también.

JUDAS *(incomodándose por la creciente multitud)*: Rabino, nos vemos débiles e indefensos.

JESÚS: De camino a la casa de Jairo en Capernaúm, ¿qué pasó cuando la mujer, Verónica, me tocó?

SIMÓN Z: El poder salió de ti.

JESÚS: No, me refiero a lo que le sucedió a ella.

TADEO: Fue sanada.

JESÚS: ¿Cómo?

ANDRÉS: Al tocar los flecos de tu ropa.

JESÚS: No. Amigos Míos, olvidan tan rápido. Los quiero mucho, pero tienen poca memoria.

MATEO: Tú le dijiste: "Hija, vete en paz, tu fe te ha sanado".

JESÚS: ¿Tu qué?

SANTIAGO EL MENOR y TADEO: Fe.

JESÚS: Su fe. Muchos de ustedes tienen miedo ahora mismo, en lugar de elegir tener fe… en Mí.

SANTIAGO EL MAYOR: Pero, Rabino, debes ver lo que está sucediendo a nuestro alrededor…

ANDRÉS: Por supuesto que lo ve, ¡ese es el punto!

JUDAS: Rabino, ¡aumenta nuestra fe!

JESÚS: Judas… Si ustedes tuvieran una fe del tamaño de una semilla de mostaza, podrían decirle a un árbol de moras: "Desarráigate y plántate en el mar", y les obedecería.

MATEO: ¿Puede un árbol de moras crecer en el mar?

TOMÁS: Ese no es el punto.

JESÚS: De cierto, si tuvieran una fe como una semilla de mostaza podrían decirle a una montaña: "Muévete de aquí para allá", y se movería. Para ustedes nada sería imposible.

NATANAEL: ¿Cómo? ¿Cómo podemos hacerlo?

FELIPE: Como dijo Judas, ¡aumentando nuestra fe!

JESÚS: No se trata del tamaño, Felipe. Sino de en quién ponen su fe. Si su fe está segura en Dios, y creen en Sus promesas, eligiendo Su voluntad por encima de la propia… (junta Su pulgar y Su dedo índice) una fe de este tamaño es suficiente. Las personas a las que enseñamos son como abejas revoloteando entre las flores, esperando a que se abran, para beber el néctar y pasárselo a otros. Pero deben ver que su fe en Él está segura, pequeña o grande.

Cosas imposibles

Confiar en Jesús todo el tiempo suena genial, pero resultó difícil para los doce discípulos cuando las multitudes alrededor de ellos crecieron (Mc. 3:7–10). Y cuando la gente se enojaba (Mc. 3:1–6). O tenía hambre (Mc. 6:31–44; 8:1–10, 14–21). O los acusaba (Mc. 7:1–5). Confiar era difícil para los doce cuando se les pedía hacer cosas fuera de su zona de confort, como viajar a lugares nuevos, predicar a todo tipo de persona y sanar todo tipo de dolencias (Mc. 6:7–13; 9:14–29). Les era difícil confiar cuando las tormentas se desataban y se sentían descuidados o abandonados (Mc. 4:35–41; 6:45–52). Les era difícil confiar cuando se confundían o se ofendían por lo que Jesús hacía o decía (Mc. 3:21; 8:31–38; 9:30–32; 10:13–16, 23:31). Y les era difícil confiar cuando Jesús los dejaba tener problemas.

¿Te identificas?

Claro que sí, porque la vida es difícil y las cosas difíciles desafían nuestra fe. Las cosas difíciles hacen que nuestra confianza en Jesús flaquee y decaiga. Pero en última instancia también hacen que nuestra fe crezca, porque Dios hace que todas las cosas trabajen juntas para nuestro bien, para Su gloria (Ro. 8:28) y para hacernos más como Jesús (Ro. 8:29–30; 2 Pe. 1:3–4), el autor y consumador de nuestra fe (Heb. 12:2).

Esa es la promesa del camino estrecho que lleva a la vida, a lo largo del cual tendremos muchas oportunidades para practicar la confianza en Aquel a quien seguimos.

Tu turno

1. Escribe una o dos cosas que te cuesta confiarlas plenamente a Jesús.

Hay que atravesar

"Y no solo esto, sino que también nos gloriamos en las tribulaciones,

sabiendo que la tribulación produce paciencia; y la paciencia,

carácter probado; y el carácter probado, esperanza. Y la esperanza no

desilusiona, porque el amor de Dios ha sido derramado en nuestros

corazones por medio del Espíritu Santo que nos fue dado".

Romanos 5:3–5 (NBLA)

La esperanza que no decepciona solo está en Jesús. Es decir, hay muchas cosas en las que esperamos y confiamos que, en efecto, sí decepcionan. Por ejemplo, el dinero no lo es todo en la vida. Nos pasamos la vida intentando acumular más dinero creyendo que nuestros problemas se resolverán entre más tengamos. Pero basta mirar a las celebridades para ver que no es así: ese círculo social es un desastre colectivo, donde abundan las relaciones rotas, la adicción, el abuso y el vacío.

Porque el dinero es una esperanza que decepciona.

¿Qué tal las relaciones? Por supuesto, hay personas que contribuyen a nuestras vidas de maneras inconmensurables y obviamente se deberían considerar bendiciones del Señor; pero sin importar lo maravilloso que alguien sea, cuando ponemos nuestra fe y esperanza en otras personas, invariablemente nos decepcionaremos. Todos somos imperfectos, pecadores y limitados. Todos somos egoístas, inconscientes e incapaces de ser para los demás lo que Dios planeó ser para nosotros.

> "Ahora escuchen, ustedes los ricos: ¡lloren a gritos por las calamidades que les vienen encima! Se ha podrido su riqueza y sus ropas están comidas por la polilla. Se han oxidado su oro y su plata. Ese óxido dará testimonio contra ustedes y consumirá como fuego sus cuerpos. Han amontonado riquezas, ¡y eso que estamos en los días finales! Oigan cómo clama contra ustedes el salario no pagado a los obreros que trabajaron en sus campos. El clamor de esos trabajadores ha llegado a oídos del Señor de los Ejércitos. Ustedes han llevado en este mundo una vida de lujo y de placer desenfrenado. Lo que han hecho es engordar para el día de la matanza".
> Santiago 5:1–5 (NVI)

¡Ufff!

> "No confiéis en los príncipes, ni en hijo de hombre, porque no hay en él salvación. Pues sale su aliento, y vuelve a la tierra; en ese mismo día perecen sus pensamientos".
> Salmos 146:3–4

Esto significa que las relaciones (humanas) son una esperanza que decepciona.

¿Qué tal el éxito? Después de todo, alcanzar una meta se siente genial y es algo que hace sentirse orgulloso. El problema es que cuando ponemos nuestra esperanza en el éxito, en los títulos o en la posición social se requiere mucho mantenimiento. La vida está en constante movimiento y transformación, y sentimos la presión de hacer más, pero cuando buscamos ser validados por nuestros logros, nunca será suficiente. Al menos no para siempre.

Porque el éxito es una esperanza que decepciona.

Todo esto es para decir que la esperanza que Dios cultiva en lo profundo del corazón *no* decepciona. Sin embargo, cuesta caro: primero por la muerte y resurrección de Jesús, y luego por la nuestra.

"Morimos a nosotros mismos", a nuestro amor al dinero, a nuestro deseo por la aceptación y la validación externa, a nuestro anhelo por el éxito, para vivir para Jesús. Y entonces ponemos nuestra esperanza en:

> "¿O no sabéis que todos los que hemos sido bautizados en Cristo Jesús, hemos sido bautizados en su muerte? Porque somos sepultados juntamente con él para muerte por el bautismo, a fin de que como Cristo resucitó de los muertos por la gloria del Padre, así también nosotros andemos en vida nueva. Porque si fuimos plantados juntamente con él en la semejanza de su muerte, así también lo seremos en la de su resurrección; sabiendo esto, que nuestro viejo hombre fue crucificado juntamente con él, para que el cuerpo del pecado sea destruido, a fin de que no sirvamos más al pecado. Porque el que ha muerto, ha sido justificado del pecado. Y si morimos con Cristo, creemos que también viviremos con él; sabiendo que Cristo, habiendo resucitado de los muertos, ya no muere; la muerte no se enseñorea más de él. Porque en cuanto murió, al pecado murió una vez por todas; mas en cuanto vive, para Dios vive. Así también vosotros consideraos muertos al pecado, pero vivos para Dios en Cristo Jesús, Señor nuestro".
> Romanos 6:3–11

a. Lo que Jesús nos dice sobre sufrir:

"Estas cosas os he hablado para que en mí tengáis paz. En el mundo tendréis aflicción; pero confiad, yo he vencido al mundo" (Jn. 16:33).

b. Donde Jesús nos dice que vamos:

"No se turbe vuestro corazón; creéis en Dios, creed también en mí. En la casa de mi Padre muchas moradas hay; si así no fuera, yo os lo hubiera dicho; voy, pues, a preparar lugar para vosotros. Y si me fuere y os preparare lugar, vendré otra vez, y os tomaré a mí mismo, para que donde yo estoy, vosotros también estéis" (Jn. 14:1–3).

c. Quien Jesús nos dice que es:

"Yo soy el camino, y la verdad, y la vida; nadie viene al Padre, sino por mí" (Juan 14:6).

Él es nuestra esperanza.

Tu turno

2. Aparte de Jesús, ¿en qué o en quién sueles poner tu esperanza?

3. La Biblia promete que tendremos tribulaciones. La Biblia también promete que Dios las usará para cultivar la esperanza en nuestros corazones. ¿Esto cómo podría cambiar tu perspectiva sobre el sufrimiento? ¿Cómo podría cambiar tu perspectiva sobre la esperanza?

4. Explica por qué "morir a uno mismo" es una parte necesaria para "entrar por la puerta estrecha".

Culminación

"Por tanto os digo: No os afanéis por vuestra vida, qué habéis de comer o qué habéis de beber; ni por vuestro cuerpo, qué habéis de vestir. ¿No es la vida más que el alimento, y el cuerpo más que el vestido? Mirad las aves del cielo, que no siembran, ni siegan, ni recogen en graneros; y vuestro Padre celestial las alimenta. ¿No valéis vosotros mucho más que ellas? ¿Y quién de vosotros podrá, por mucho que se afane, añadir a su estatura un codo? Y por el vestido, ¿por qué os afanáis? Considerad los lirios del campo, cómo crecen: no trabajan ni hilan; pero os digo, que ni aun Salomón con toda su gloria se vistió así como uno de ellos. Y si la hierba del campo que hoy es, y mañana se echa en el horno, Dios la viste así, ¿no hará mucho más a vosotros, hombres de poca fe? No os afanéis, pues, diciendo: ¿Qué comeremos, o qué beberemos, o qué vestiremos? Porque los gentiles buscan todas estas cosas; pero vuestro Padre celestial sabe que tenéis necesidad de todas estas cosas. Mas buscad primeramente el reino de Dios y su justicia, y todas estas cosas os serán añadidas. Así que, no os afanéis por el día de mañana, porque el día de mañana traerá su afán. Basta a cada día su propio mal".

Mateo 6:25–34

Para nerds bíblicos (como nosotros) que quieren saber

"Morir a uno mismo": es la negación continua de la naturaleza pecaminosa para seguir y confiar en Jesús todos los días. Eso significa que los creyentes "mueren a sí mismos" continuamente.

Además, al momento de la salvación, el Espíritu Santo entra en los creyentes, y hace posible la obediencia y semejanza a Cristo. "De modo que si alguno está en Cristo, nueva criatura es; las cosas viejas pasaron; he aquí todas son hechas nuevas" (2 Cor. 5:17).

"Entrar por la puerta estrecha": Jesús es la puerta que lleva al reino de Dios. Para podernos reconciliar con Dios y pasar la eternidad con Él en el cielo, hay que confiar en la muerte expiatoria de Jesús y Su milagrosa resurrección.

"—Yo soy el camino, la verdad y la vida —contestó Jesús—. Nadie llega al Padre sino por mí" (Jn. 14:6 NVI).

Las cosas "son hechas nuevas": Isaías menciona varias veces "las cosas primeras" (Is. 41:22; 42:9; 43:9, 18; 46:9; 48:3; 65:17), pero no con desprecio. Nuestra cultura actual enseña que lo *viejo* es malo y que lo *nuevo* es bueno, pero en la economía de Dios, las cosas primeras son fundamentales y útiles en el proceso de madurar y seguir adelante.

Vemos este principio en acción cuando los niños crecen a *través* de su niñez, no a pesar de ella; no deben saltarse las cosas primeras, ni deben permanecer en ellas (1 Cor. 13:11–12).

De la misma manera, debemos "[acordarnos] de las cosas pasadas desde los tiempos antiguos" por su valor como fundamento (Is. 46:9), pero "no [acordarnos] de las cosas pasadas" cuando sea hora de pasar a lo nuevo que Dios hace (Is. 43:18–19).

Véase Mateo 14:13–21;
Marcos 6:32-44; Lucas
9:10–17; Juan 6:1–15.

Véase Mateo 14:22–33;
Marcos 6:45–52;
Juan 6:16–21.

"¿No has sabido, no has
oído que el Dios eterno
es JEHOVÁ, el cual creó
los confines de la tierra?
No desfallece, ni se
fatiga con cansancio, y
su entendimiento no hay
quien lo alcance. Él da
esfuerzo al cansado, y
multiplica las fuerzas al
que no tiene ningunas.
Los muchachos se fatigan
y se cansan, los jóvenes
flaquean y caen; pero los
que esperan a JEHOVÁ
tendrán nuevas fuerzas;
levantarán alas como las
águilas; correrán, y no
se cansarán; caminarán,
y no se fatigarán".
Isaías 40:28–31

El episodio final de la temporada 3 de Los elegidos reúne diversas tramas y narra dos amadas historias del NT: 1) la preocupación por la comida y la provisión milagrosa de Jesús, y 2) el temor por la seguridad y la presencia tranquilizante y milagrosa de Jesús. Ambas experiencias extraordinarias comunicaron lo mismo a la mente y corazón de los discípulos:

Se puede confiar en Jesús.

Sin embargo, la ansiedad y el temor aún son partes comunes de nuestra experiencia humana. Sabemos lo que Jesús hizo, creemos las historias, pero aun así luchamos por creer que Él sea el mismo ayer, hoy y siempre (Heb. 13:8). Luchamos por creer en Su promesa de proveer siempre (Mt. 6:25–34). Luchamos por creer en Su promesa de estar presente siempre (Mt. 28:20). Luchamos por creer que Su economía, Sus prioridades y Su aprobación son literalmente todo lo que importa (1 Jn. 2:15–17).

Luchamos.

Pero ¿adivina qué?

Dios también ha provisto para eso:

"Por tanto, nosotros también, teniendo en derredor nuestro tan grande nube de testigos, despojémonos de todo peso y del pecado que nos asedia, y corramos con paciencia la carrera que tenemos por delante, puestos los ojos en Jesús, el

Para nerds bíblicos (como nosotros) que quieren saber

Se narran dos alimentaciones milagrosas distintas en los Evangelios (ambas cerca del mar de Galilea): la alimentación de los cinco mil en el campo cerca de Betsaida (por cierto, esta historia es el único milagro que aparece en los cuatro Evangelios: Mt. 14:13–21; Mc. 6:32–44; Lc. 9:10–17; Jn. 6:1–15) y la alimentación de los cuatro mil en la Decápolis (Mt. 15:32–39; Mc. 8:1–10).

Más adelante en Su ministerio, Jesús de hecho hizo referencia a ambos eventos al mismo tiempo para animar a Sus seguidores a confiar en Él y evitar la hipocresía de gente como los fariseos (Mt. 16:5–12; Mc. 8:14–21).

autor y consumador de la fe, el cual por el gozo puesto delante de él sufrió la cruz, menospreciando el oprobio, y se sentó a la diestra del trono de Dios" (Heb. 12:1–2).

Jesús es llamado el "autor y consumador" de nuestra fe, lo cual significa que no solo nos llama hacia Sí mismo (es el "fundador" o "autor" de nuestra fe), sino que también nos guía, enseña, corrige y forma (es el "consumador" de nuestra fe). Así, cada día que elegimos seguirlo, nos hacemos más como Él porque es fiel para que así sea.

Y mientras lo sigamos, veremos Su provisión y Sus promesas una y otra vez.

Se les mandó a los israelitas del Antiguo Testamento poner *tzitzits* (borlas) en las cuatro esquinas de sus vestiduras como recordatorios para obedecer los mandamientos del Señor (Nm. 15:37–41; Dt. 22:12).

Nosotros también necesitamos recordatorios, pero a veces es fácil perder las notitas y es molesto llevar hilos atados a los dedos. Quizás llevar borlas en la ropa...

Tu turno

Vayamos directo al grano.

5. A la luz de tus ansiedades y temores, ¿qué significa que Jesús sea el mismo ayer, hoy y siempre?

6. A la luz de tus ansiedades y temores, ¿qué significa que Jesús siempre proveerá y siempre estará presente?

7. A la luz de tus ansiedades y temores, ¿qué significa que la economía, las prioridades y la aprobación de Dios sean todo lo que importa?

"Silencio, cálmate"

> "… y [Jesús] ordenó al mar: —¡Silencio! ¡Cálmate! El viento
> se calmó, y todo quedó completamente tranquilo".
>
> Marcos 4:39 (NVI)

No se trata del tamaño de nuestra fe. Nunca se trató de eso, porque esforzarse por tener una fe más grande invariablemente se vuelve como tener fe en uno mismo. No; la salvación mediante Jesús siempre se trató solo de *Él* y de Su compasión, gracia, poder y voluntad para hacer lo necesario para rescatar y restaurar Su creación.

En pocas palabras, se trata de en quién está tu fe.

Si tu fe está segura en Dios, confiando en Sus promesas, cumpliendo Su voluntad en tu vida en lugar de la tuya, una fe del tamaño de un grano de mostaza basta para experimentar todo lo que Dios tiene preparado para ti. Él quiere que seas parte de la construcción de Su reino aquí en la tierra. Él quiere que experimentes Su paz que sobrepasa todo entendimiento y que descanses en Su presencia. Él quiere que sepas que eres amado, y que creas en y actúes según Sus promesas.

Él quiere que entres por la puerta estrecha y camines junto a Él, todo el camino hasta el cielo.

Tu turno

8. La orden de Jesús para el viento y el mar es la misma que tiene para ti: Silencio, cálmate.

¿Cómo podrías buscar Su paz, presencia y poder hoy?

Enfoque de la oración

Alaba a Jesús porque Él controla las olas, incluyendo las de tu vida, sean ondas o tsunamis, o algo intermedio. Agradécele por ser paciente contigo mientras luchas por confiar en Él en todo momento. Pídele que te siga haciendo más como Él y por oportunidades para andar por fe. ¡Seguramente te responderá que sí!

Propuesta de oración

Amado Jesús:

Gracias por venir a la tierra, no solo para morir por mis pecados, resucitar y asegurar mi salvación, sino también por vivir una vida perfecta. Tu vida mostró sabiduría frente a la confusión, valentía frente a la adversidad, paz frente a las dificultades y fe frente a la desesperación. Entiendes las tormentas de la vida por las que estoy pasando, y reconozco que eres Señor sobre ellas. Creo en Ti, pero ayuda mi incredulidad (Mc. 9:24). Por favor, hazme más y más como Tú para que pueda soportar estas tormentas con más de Tu carácter (2 Pe. 1:3–12). Cuando necesite andar por fe y levantarme por Ti, dame la sabiduría, la valentía, la paz y la fe para hacerlo con mi esperanza puesta en Ti. Amén.

EXT. MAR DE GALILEA

SIMÓN: ¡Juan, sigue remando! ¿Qué estás haciendo?

JUAN: ¿Alguien acaba de ver eso? ¡Allí!

(Todos miran hacia donde Juan señala. No hay nada más que oscuridad y olas).

JUDAS: No veo nada.

SIMÓN Z: ¿Qué estamos buscando?

(Hay otro relámpago, y se ve una aparición tenue, una figura a lo lejos sobre el agua).

ANDRÉS *(gritando de pánico)*: ¡Fantasma! ¡Es un fantasma!

MATEO: ¿Un qué?

SANTIAGO EL MAYOR: No puede ser.

ANDRÉS: ¡Tenemos que salir de aquí! ¡Todos remen! ¡Remen más rápido! ¡Vamos!

SIMÓN *(gritando)*: ¡Que nadie se mueva!

ANDRÉS: Simón, ¿qué?

SIMÓN: ¡Dije nadie se mueva! ¡Deténganse!

(Todos están espantados. Simón fija su mirada en el último lugar donde se vio la figura iluminada. Otro relámpago, y vemos la silueta de Jesús entre las olas. La cara de Simón permanece rígida y fija entre los relámpagos).

SIMÓN Z: Eso no es un fantasma.

ANDRÉS: ¡¿Estás loco?!

JESÚS: ¡No tengan miedo! ¡Soy Yo!

ANDRÉS: ¿Jesús?

FELIPE: ¿Cómo?

SANTIAGO EL MAYOR: Imposible.

TOMÁS: ¿Por qué esta es la segunda cosa más increíble que he visto hoy?

JESÚS: ¿Esto los sorprende? ¿No aprendieron nada hoy?

SIMÓN: Si eres Tú, Señor, mándame que vaya a ti sobre las aguas.

ANDRÉS: ¡Simón, no!

SANTIAGO EL MAYOR: ¡¿Estás loco?!

SIMÓN *(insistiendo)*: Si eres quien dices ser, pídeme que baje de este bote.

JESÚS: ¿Tienes la fe para caminar sobre estas aguas?

SIMÓN: ¡Por supuesto! Puedes hacer cualquier cosa que ordenes, y si Tú le ordenas al agua que me sostenga, ¡caminaré sobre ella!

JESÚS: Si te pido que vengas a mí, ¿darías un paso de fe?

SIMÓN: ¡Sí!

JESÚS: Entonces, ¿por qué estás tan molesto?

SIMÓN: ¡¿Por qué vas corriendo tras los gentiles cuando Tu propio pueblo tiene problemas, cuando TÚ MISMO tienes problemas?! He estado aquí, enfrente de Ti, confiando en Ti, ¡¿y tú estás separando problemas en la Decápolis?!

(Hay otra larga pausa mientras se miran el uno al otro).

JESÚS: Entonces ven a Mí. Tú, cansado y cargado… Yo te daré descanso.

(Simón, ya de pie, se quita sus sandalias).

ANDRÉS: ¡Simón! ¡No!

(Entre murmullos y gritos de terror, confusión y emoción, Simón pone una mano contra el borde del bote. Jesús ve como Simón alza su pierna derecha sobre el borde y se acerca lentamente hacia el agua. Simón saca su pierna izquierda y… se pone de pie, aunque inestable, sobre la superficie del agua. Los discípulos callan mientras comienza a caminar sobre el agua. Simón no aparta los ojos de Jesús, quien tiene la mano extendida hacia él).

JESÚS: ¿Todavía tienes fe?

SIMÓN: ¡La fe nunca ha sido mi problema! Lo dejé todo para seguirte, ¡pero estás curando a completos desconocidos!

JESÚS: ¿Por qué crees que pasan por pruebas?

SIMÓN: ¡No lo sé!

JESÚS: ¡Porque demuestran la autenticidad de tu fe! ¡Te fortalecen! ¡ESTO te está fortaleciendo! ¡Y a Edén también! ¡Mantén tus ojos en Mí!

(Las olas chocan contra Simón. Distraído, Simón aparta los ojos de Jesús. Las olas son enormes, despiadadas y fuertes. Dondequiera que mira, el mar es más aterrador y feroz. El temor se apodera de él, y comienza a hundirse).

SIMÓN: ¡Me hundo! ¡Señor, sálvame, me estoy hundiendo!

(Rápidamente, Simón se desploma en el agua. Por más que intente, no puede nadar de regreso a la superficie. Inmediatamente, Jesús mete la mano en el agua, y Simón la toma

con fuerza. Jesús lo saca del agua. Simón llora y se aferra a Jesús sin mirarlo a la cara. Jesús lo abraza fuertemente en silencio. Después de un tiempo…).

SIMÓN: No me sueltes, Señor. Por favor.

JESÚS *(cariñosamente)*: Hombre de poca fe. ¿Por qué dudaste?

(Simón se percata de la pena y el alivio en Su voz. Los dos se acercan al bote).

SIMÓN: No vayas a soltarme.

JESÚS: Tengo muchos planes para ti, Simón, incluyendo cosas difíciles. Solo mantén tus ojos en Mí. Te lo prometo.

(Entran en el bote. Dentro del bote, Simón sigue aferrado a Jesús, repitiendo):

SIMÓN: Por favor. ¡No me sueltes, por favor! Lo siento.

JESÚS *(volviéndose hacia el mar)*: ¡Silencio! ¡Cálmate!

(Las olas tranquilas salpican suavemente contra el bote. Todos los discípulos están empapados, exhaustos y atónitos. Para Simón, nadie existe en ese momento más que Jesús. Llora en silencio mientras Jesús acaricia su cabello mojado).

SIMÓN: Por favor… nunca me sueltes.

JESÚS: Estoy aquí… siempre voy a estar aquí. Dejo que la gente pase hambre… pero les doy de comer.

SIMÓN: Por favor. Por favor, nunca me sueltes. Nunca me sueltes.

"Entrad por la puerta estrecha;
porque ancha es la puerta,
y espacioso el camino que
lleva a la perdición, y muchos
son los que entran por
ella; porque estrecha es la
puerta, y angosto el camino
que lleva a la vida, y pocos
son los que la hallan".

Mateo 7:13-14

CONCLUSIÓN

Los que encuentran el camino a la vida son pocos.

¿Por qué?

Porque es un camino difícil, y la verdad es que a los seres humanos pecadores nos gusta lo fácil. Si tan solo eligiéramos a Jesús a pesar de lo difícil que es Su camino veríamos que por la puerta estrecha hay belleza, paz, gozo, esperanza y descanso. ¡Dios nunca defrauda!

Pero la vida sí. El pecado estropeó el mundo que Dios creó, y vivimos las consecuencias. Por si fuera poco, las arenas movedizas del camino ancho aseguran nuestra perdición y eterna separación del Dios que nos ama, de Aquel que entró en nuestro mundo estropeado y se hizo nuestro Cordero de sacrificio y nuestra Piedra Angular, la Roca de nuestra salvación y el comienzo de la restauración del mundo.

Cordero de sacrificio:
En la época del AT, se sacrificaban a Dios corderos sin mancha para la expiación de los pecados (Ex. 12:5, Lv. 4:32).

Ya que Jesús vivió una vida perfecta sin pecar, Su muerte en la cruz fue el sacrificio perfecto y permanente para todos y cada uno de los que escogemos creer en Él (Heb. 9:11–14; 1 Pe. 1:9; Jn. 1:29, 36).

Piedra angular:
la primera piedra colocada en los cimientos de una estructura y el punto de referencia para colocar otras piedras.

Las Escrituras mencionan a Jesús como la máxima piedra angular y como referencia para la vida (Is. 28:16–17; Sal. 118:19–23; Mt. 21:42; Hch 4:11–12; Ef. 2:20; 1 Pe. 2:4–10).

"Y vino y anunció las buenas
nuevas de paz a vosotros que
estabais lejos, y a los que estaban
cerca; porque por medio de él

los unos y los otros tenemos entrada por un mismo Espíritu al Padre.

Así que ya no sois extranjeros ni advenedizos, sino conciudadanos

de los santos, y miembros de la familia de Dios, edificados sobre

el fundamento de los apóstoles y profetas, siendo la principal

piedra del ángulo Jesucristo mismo, en quien todo el edificio, bien

coordinado, va creciendo para ser un templo santo en el Señor…".

Efesios 2:17–21

Tenemos acceso a tierra firme a través de Jesús. Gracias a Su victoria sobre la muerte, somos resucitados con Él (Ro. 6:6–11), reconciliados con el Padre (Ro. 5:8–11) y acompañados por el Espíritu (Ro. 8:9–11), el cual nos capacita para *continuar* siguiendo a Jesús hasta llegar al cielo, donde se restaurará la perfección del Edén.

Así que Jesús Mismo es el camino de los elegidos.

Él es la puerta estrecha que conduce a la VIDA.

Apocalipsis 22:1-5

"Después me mostró un río limpio de

agua de vida, resplandeciente como cristal,

que salía del trono de Dios y del Cordero.

En medio de la calle de la ciudad, y a uno y otro

lado del río, estaba el árbol de la vida, que

produce doce frutos, dando cada mes su fruto;

y las hojas del árbol eran para la sanidad de las

naciones. Y no habrá más maldición; y el trono de

Dios y del Cordero estará en ella, y sus

siervos le servirán, y verán su rostro, y su

nombre estará en sus frentes.

No habrá allí más noche; y no tienen necesidad de

luz de lámpara, ni de luz del sol, porque

Dios el Señor

los iluminará; y reinarán por los siglos de los siglos".

NOTAS

NOTAS

NOTAS

NOTAS

NOTAS

NOTAS

NOTAS

NOTAS

NOTAS

ACERCA DE LOS AUTORES

Amanda Jenkins es autora, oradora y madre de cuatro hijos. Es la principal creadora del contenido extra de *The Chosen*, incluyendo los libros devocionales de *The Chosen*, volúmenes I, II y III, y los libros infantiles *The Chosen: Jesus Loves the Little Children* y *The Shepherd*. Vive en Texas con sus hijos y su esposo, Dallas, creador de *The Chosen*.

Dallas Jenkins es cineasta, autor y conferencista. En los últimos veinte años, ha dirigido y producido más de una docena de películas para compañías como Warner Brothers, Lionsgate, Universal Studios y Hallmark Channel. Ahora es el creador de *The Chosen*, el primer programa multi-temporada sobre la vida de Jesús y el proyecto de medios de mayor financiamiento colectivo de la historia. Vive con su familia en Texas, donde ahora se graba el programa.

El consultor bíblico evangélico oficial para la serie *The Chosen*, **Douglas S. Huffman** (PhD, Trinity Evangelical Divinity School) es un profesor del Nuevo Testamento y decano asociado de Estudios Bíblicos y Teológicos en la Escuela Talbot de Teología (Universidad de Biola) en California. Se especializa en griego del Nuevo Testamento, Pensamiento Cristiano y Lucas-Hechos, y es el autor de *Verbal Aspect Theory and the Prohibitions in the Greek New Testament* y *The Handy Guide to New Testament Greek*, editor colaborador de libros como *God Under Fire: Modern Scholarship Reinvents God, How Then Should We Choose? Three Views on God's Will and Decision Making* y *Christian Contours: How a Biblical Worldview Shapes the Mind and Heart*, y contribuidor en varias revistas teológicas y obras de referencia. El Dr. Huffman aparece en la "Mesa redonda bíblica" de *The Chosen* en la aplicación *The Chosen*. Le gusta trabajar con estudiantes de pregrado de Biola, señalándoles las Escrituras como la Palabra de Dios para la actualidad.